Anneliese Herzig
In der Spur Jesu

Band 5 der Reihe „Spiritualität und Seelsorge", die von P. Martin Leitgöb und P. Hans Schalk im Auftrag der Ordensgemeinschaft der Redemptoristen herausgegeben wird.

ANNELIESE HERZIG

IN DER SPUR JESU

LEBEN NACH DEN **EVANGELISCHEN RÄTEN**

Tyrolia-Verlag · Innsbruck-Wien

Mitglied der Verlagsgruppe „engagement“

Bibliografische Information Der Deutschen Nationalbibliothek
Die Deutsche Nationalbibliothek verzeichnet diese Publikation in der Deutschen Nationalbibliografie; detaillierte bibliografische Daten sind im Internet über http://dnb.d-nb.de abrufbar.

2012

Umschlaggestaltung: stadthaus 38, Innsbruck
Layout und digitale Gestaltung: Tyrolia-Verlag
Druck und Bindung: Alcione, Lavis (I)
ISBN 978-3-7022-3203-0
E-Mail: buchverlag@tyrolia.at
Internet: www.tyrolia-verlag.at

INHALT

EINFÜHRUNG

Was ich in diesem Buch vorlegen möchte, ist aus vielen Erfahrungen und Gesprächen entstanden: in der eigenen Ordensgemeinschaft und bei vielen Fortbildungsveranstaltungen mit anderen Orden. Theologisch bereichert haben mich Lektüre und Studium sowie die reflektierte Auseinandersetzung in der „Arbeitsgruppe Ordenstheologie" der Deutschen Ordensobernkonferenz. Für mein redemptoristisches Selbstverständnis war die Zeit von 2003 bis 2009 fruchtbar, in der ich dem Sekretariat für Spiritualität der Generalleitung der Redemptoristen angehörte. Im Laufe der Jahre hat sich mein Verständnis der evangelischen Räte angereichert und geweitet. Ich habe z. B. gelernt zu unterscheiden zwischen den evangelischen Räten und den Gelübden: Das eine ist der Inhalt, das andere die Form, die mein Leben geprägt hat. Viele leben die Räte sehr überzeugend, ohne je Gelübde abgelegt zu haben! Auch ist mir immer klarer geworden, wie sehr die drei „klassischen" evangelischen Räte, also Armut, Gehorsam und Ehelosigkeit um des Himmelreiches willen, zusammenhängen, einander explizieren und miteinander ein Symbol für entschiedene Christusnachfolge bilden. Einiges davon habe ich bereits an anderer Stelle veröffentlicht (siehe Literaturverzeichnis). Der Stil dieses Büchleins ist persönlicher. Es geht mir hier vor allem darum, das Leben nach den evangelischen Räten in der Spiritualität der Erlösung zu verankern (vgl. Herzig, „Das Beispiel unseres Erlösers Jesus Christus weiterführen"). Ich bin davon überzeugt, dass sie gerade so nicht nur Bedeutung für die Redemptoristen oder für die mit ihnen verbundenen Ordensgemeinschaften haben, sondern auch für alle, die sich dieser Spiritualität verbunden fühlen, ohne sich einem Orden anzuschließen, oder denen Erlösung und Befreiung ein Herzensanliegen sind.

Alfons Maria von Liguori, der Gründer der Redemptoristen und Inspirator vieler weiblicher Ordensgemeinschaften, war kein Systematiker der so genannten evangelischen Räte. Am Anfang der Gemeinschaft der „Erlösermissionare" stand kein Gelöbnis der evangelischen Räte. Die ersten Redemptoristen waren einfach Priester, die sich dazu verpflichteten, gemeinsam zu leben und zu wirken. Erst am 9. Mai 1743, also fast 11 Jahre nach der Gründung (9. November 1732), gelobten die ersten Redemptoristen in Ciorani, nach den drei evangelischen Räten von Armut, Gehorsam und Ehelosigkeit um des Himmelreiches willen zu leben. Dies geschah während des ersten Generalkapitels der neuen Gemeinschaft, bei dem der Gründer Alfons (im 4. Wahlgang!) zum „Rector maior", zum Generaloberen gewählt wurde. Bis heute muss man auf der offiziellen Website der Redemptoristen [http://www.cssr.com (28.05.2012)] lange suchen, bis man eine Erwähnung der Gelübde findet. Im Vordergrund stand und steht für sie, „das Beispiel unseres Erlösers Jesus Christus weiterzuführen, indem sie den Armen das Evangelium verkünden (Lk 4, 14–21)". Weshalb also in einer redemptoristischen Buchreihe ein eigener Beitrag zu den evangelischen Räten?

Zunächst ist schlicht festzuhalten, dass der Schritt zur Ablegung der Ordensgelübde für Alfons und die ersten Redemptoristen ein durchaus erwünschter und konsequenter Schritt auf dem eingeschlagenen Weg war (vgl. Raponi, 278–281). Alfons wollte der Kongregation in der Kirche einen Ort geben. Die Bindung in den Ordensgelübden sah er dazu als notwendig an. Außerdem – so Tannoia, der erste Biograf des heiligen Alfons – hatten die ersten Missionare den Geist der Räte ohnehin schon gelebt, ohne sich ausdrücklich daran gebunden zu haben. Nach dem begeisterten Anfang machten sich nun allerdings – nicht zuletzt bedingt durch das Anwachsen der Gruppe – Ermüdungserscheinungen bemerkbar, die das Ziel des Gründers, eine „heilige und apostolische Gemeinschaft" zu formen, verdunkelten. Die ausdrückliche Bindung in den Gelübden sollte also das „Feuer" des Anfangs wach halten. Viele Schriften und Briefe des heiligen Alfons bezeugen zudem, dass er den Gehorsam als unabdingbar für die Verwirklichung der gemeinsamen Sendung sah und sich die (auch materielle) Armut aus der entschlossenen Nähe zu den Armen ergab (vgl. Mendanha, Redemptorist Spirituality at the Origins of the Congregation).

Wir dürfen aber noch tiefer gehen: Das Stichwort „dem Beispiel des Erlösers Jesus Christus folgen" gibt dabei die Richtung an. In der Tradition der Kirche, die Alfons schon vorgefunden hat, hat sich immer expliziter die Sicht durchgesetzt, dass ein Leben nach den evangelischen Räten die Lebensform Jesu Christi selbst nachahmt. Wenn Alfons sich mit den Seinen auf den Weg macht, dem Beispiel Jesu Christi zu folgen, dann kommt er an den evangelischen Räten nicht vorbei, auch wenn die Evangelien keine Systematik der drei Räte kennen, um das Leben Jesu zu beschreiben (vgl. Herzig, Lebenskultur, 74).

Und das gilt bis heute: Wer sich auf den Weg der Nachfolge macht – und zwar noch *vor* einer Entscheidung für eine bestimmte Lebensform wie das Ordensleben oder die christliche Ehe –, der kann die „evangelischen Räte" nicht einfach „links liegen" lassen. Die konkreten Formen der Umsetzung richten sich dabei nach der gewählten Lebensform. Allen gemeinsam ist, dass aus einer inneren Grundhaltung ein konkretes Handeln erwächst. Zu den drei „traditionellen" Räten, die normalerweise mit dem Ordensleben verbunden werden, kommen noch andere hinzu, die aus der Lektüre des Evangeliums erwachsen – so schlage ich im Gefolge des Zweiten

Vatikanischen Konzils vor, das von den „vielfachen Räten des Evangeliums“ redet (LG 42). Evangelische Räte sind Orientierungen, die aus dem Evangelium kommen und zu einer Option herausfordern. Allerdings sind sie heute weitgehend „entzaubert“. Früher waren Jungfräulichkeit, Gehorsam und Armut im Sinne der Sparsamkeit anstrebenswerte „Tugenden“. Heute gilt oft das Gegenteil. Ein Leben nach den evangelischen Räten ist mehr und mehr zu einem kulturellen Gegenentwurf geworden. Deshalb benötigen wir eine „Relecture“ der evangelischen Räte und der ihnen entsprechenden Ordensgelübde, damit sie als Weisen menschlicher Selbstverwirklichung und Ausdruck der Jesus-Nachfolge erkennbar bleiben und in ihrer Bedeutung aufscheinen können (vgl. Casala, 95). Diese „Relecture“ geschieht in diesem Buch vor allem in der Perspektive der Erlösung.

ORTSBESTIMMUNG

DIE GROSSE VISION DES ALFONS MARIA VON LIGUORI

Wenn man Alfons Maria von Liguori in den deutschsprachigen Ländern überhaupt kennt, wird er mit Moraltheologie, mit der traditionellen Volksmission und vielleicht noch mit dem Stichwort Erlösung verbunden. Das Letztere gilt allerdings nur mehr für ausdrückliche „Insider". All das ist richtig. Aber welche Vision hat Alfons dazu bewegt? In vielem blieb er zunächst Kind seiner Zeit und verwendete die theologischen Konzepte seiner Zeit. An einigen entscheidenden Stellen geht er jedoch darüber hinaus. So wusste er zwar um das damals geläufige Verständnis von Erlösung als „Genugtuung", die Jesus Christus stellvertretend für die in Schuld gefallene Menschheit Gott gegenüber leistet. Sie stand aber nicht im Mittelpunkt seines Denkens. Fasziniert war Alfons von einem Gott, der „verrückt vor Liebe" nach dem Menschen ist und der nur deswegen das Drama von Menschwerdung, Tod und Auferstehung „inszeniert". Gott will und kann nicht ohne den Menschen sein, deshalb macht er sich im Menschgewordenen selbst auf den Weg zu dem Geliebten, der ihm davongelaufen ist. Wie ein über beide Ohren verliebter Mensch, der alles für den, für die Geliebte unternimmt, ist Gott nichts zu „dumm" oder zu gefährlich, um die Liebe des Menschen zu gewinnen. Auch wenn die Sprache der Weihnachtsbetrachtungen des heiligen Alfons uns heute fremd sein mag – es bleibt faszinierend, mit welchen Worten und ausdrucksstarken Bildern

Alfons diese verrückte Liebe Gottes beschreibt, die im nackten Kind, das in einem nasskalten Stall, gewickelt in „ärmliche Windeln“ auf schlechtem Stroh liegt, aufscheint. Genauso nehmen ihn das Leiden des Gekreuzigten und die Gegenwart Jesu Christi in der Eucharistie in Bann. In einer Weihnachtsbetrachtung schreibt er: „Ehre sei der Liebe, die einen Gott dahin gebracht hat, ein armes, kleines Kind zu werden, und hierauf ein hartes Leben zu führen und einen schmachvollen Tod zu erdulden und das bloß deshalb, um dem Menschen seine Liebe zu zeigen und seine Gegenliebe zu gewinnen“ (Alfons, Die Menschwerdung, 10. Erwägung über das große Geheimnis).

Alfons tritt gleichsam selbst in die große Sehnsucht Gottes ein: Auch sein großes Anliegen wurde, dass alle Menschen Gott loben und lieben. Er schreibt: „Wer den Herrn sehr liebt, wird sich nicht damit zufriedengeben, ihn zu lieben. Er wird alle zu dieser Liebe bringen wollen.“ Wie so oft zitiert er einen Gewährsmann, dieses Mal den Kirchenlehrer Augustinus, der in einem Kommentar zu Psalm 34,4 schreibt: „Wenn ihr Gott liebt, dann reißt alle zur Liebe Gottes mit!“ (beide Zitate bei Catalá, Notes on Our Missionary Spirituality). Im menschlichen Bereich kennen wir diese Sehnsucht durchaus auch: Wer verliebt ist, wünscht sich normalerweise, dass der Freund, die Freundin auch von der Familie geliebt wird.

Alfons sah, dass die Menschen seiner Zeit durch vielerlei Faktoren gehindert waren, die Liebe Gottes zu erwidern und in das Lob Gottes einzustimmen. Da waren zum einen die religiösen Nöte seiner Zeit – z. B. die Angst vor einem strafenden Gott, der mehr gefürchtet als geliebt wird, oder die Vernachlässigung der Seelsorge an den armen Leuten vom Land, die deswegen auch religiös unwissend blieben. Der aus adeliger Familie stammende Alfons bekam gleichzeitig einen Blick für die materielle Not der kleinen Leute. Er sah und erkannte, dass die Armen bei den Mächtigen und manchmal auch in der Kirche nicht viel zählten. Was ihn beschäftigte, war, wie diese Menschen einen Gott erfahren sollen, bei dem sie willkommen sind, wenn sie nicht erfahren, dass sie bei anderen willkommen sind und Unterstützung und Solidarität erfahren. Denn dies war für ihn ganz klar: Die Türen Gottes stehen für jeden jederzeit offen. Auch das meditiert Alfons beim Blick auf die Krippe:

> *„Die Könige wohnen in Schlössern, welche von Soldaten bewacht werden, und es ist nicht gar leicht, mit einem Fürsten zu reden; wer mit ihm sprechen will, muss sich Mühe geben, muss sich oft mit dem Bescheid entfernen: Kommt ein anderes Mal, jetzt ist keine gelegene Zeit zur Audienz. Ganz anders ist es bei Jesus Christus. Er ist in dieser Höhle zugegen, er ist daselbst als ein kleines Kind zugegen, und lädt alle ein, ihn zu besuchen. Die Höhle ist offen, ohne Wachen und ohne Tore, sodass jeder hineintreten kann, wenn er nur will, um diesen kleinen König zu besuchen, mit ihm zu sprechen, ihn sogar zu umarmen, wenn er ihn liebt und nach ihm verlangt."*
>
> *Alfons, Die Menschwerdung,*
> *10. Erwägung über das große Geheimnis*

Auch wenn uns das heute naiv vorkommen mag, war Alfons überzeugt: Wer mit der Liebe Gottes, die sich in Jesus Christus zeigt, in Berührung kommt, der kann gar nicht anders, als mit Gegenliebe und mit Lob zu antworten. Die Aufgabe der Erlösermissionare besteht darin, durch ihr Leben und Wort diese Begegnung mit der Liebe Gottes zu ermöglichen. Deshalb wurde Alfons nicht müde, seine Mitbrüder zu einem überzeugenden Leben der Nachfolge aufzufordern, um den Raum dafür zu eröffnen.

„Erlösung" ist so gesehen für Alfons kein Ziel, sondern ein Mittel, ein Weg – ein Weg hin zu der großen Vision, dass alle Menschen Gott loben und lieben. Dazu gehört auch, dass untereinander Liebe und Annahme herrschen. Dass Alfons damit nicht eine gleichgültige „Kuschel-Liebe“ meinte, wird an vielen Schriften und Briefen offenbar, in denen er solchen, die seiner Meinung nach nicht auf dem rechten Weg waren, mit deutlichen Worten die Leviten liest. Liebe braucht zuweilen auch ein deutliches Wort, das aber durch das eigene Leben gedeckt sein muss.

Obwohl der Blick des Gründers der Redemptoristen seiner Zeit entsprechend auf dem „Seelenheil“ des Einzelnen lag, tritt mit der großen Vision des „Alle sollen Gott loben und lieben“ auch eine gemeinschaftliche Größe in das Blickfeld. Eine gemeinschaftliche Größe, die in den Evangelien „Reich Gottes“ oder „Reich der Himmel“ genannt wird. Oder man mag an die großen Lobgesänge des letzten Buches des Neuen Testaments, der Offenbarung des Johannes, denken (vgl. Offb 19,1–10). Am Ende steht eben nicht „bloß“ das erfüllte Leben des Einzelnen, sondern eine Gemeinschaft – untereinander und mit Gott.

Was hat dies alles nun mit den „evangelischen Räten“ zu tun? Ich meine, auch bei ihnen geht es nicht nur um das Leben des Individuums, noch weniger um sein „Seelenheil“ und schon gar nicht um eine eigentlich nicht notwendige „Hochleistungssportart“ Gott gegenüber, sondern um den Aufbau von heilsamen Strukturen, die es Menschen ermöglichen, mit der liebenden Präsenz Gottes in Kontakt zu kommen. Der Zusatz „um des Himmelreiches willen“, der in Anlehnung an Mt 19,12 ausdrücklich an das Wort „Ehelosigkeit“ angehängt wird, kann allen evangelischen Räten an die Seite gestellt werden. Auch Armut und Gehorsam zielen darauf hin, „Gottesreich“, „Himmelreich“ aufzubauen, Gottes liebevoller und heilender Herrschaft Raum zu verschaffen. Genauso ist z. B. gelungene Gastfreundschaft ein Vorgeschmack des Himmels, und Vergebung ist Vorbedingung und Vorausentwurf einer versöhnten Gemeinschaft. So gilt für die „klassischen“ drei wie für die vielfachen anderen Räte des Evangeliums, dass sie den entscheidenden Impuls aus der Reich-Gottes-Botschaft Jesu Christi bekommen und der anfanghaften Verwirklichung dieser Gottesherrschaft im Hier und Heute dienen. Die Vollendung wird Gott selbst schenken.

DEM BEISPIEL DES ERLÖSERS FOLGEN

„Das Beispiel unseres Erlösers Jesus Christus weiterführen, indem sie den Armen das Evangelium verkünden (Lk 4, 14–21)“ (vgl. die Regelvorlage aus dem Jahr 1748 im Blick auf die päpstliche Approbation der Regel sowie Konst. 1) – darin bestand für Alfons der Kern der von ihm gegründeten Gemeinschaft. Die Rolle der Nachfolger Christi und im Besonderen der Erlösermissionare sah er darin, dem Erlöser ein Gesicht zu geben, ihm Hände und Füße, Mund und Lippen zu schenken. Dies geschieht im Mitgehen, im Nachgehen, in der Leidenschaft des Suchens der „Verlorenen“ (vgl. Lk 15, 1–32), in der Leidenschaft für die, die am Rande stehen. Alfons sah „Nachfolge“ und konkrete „Sendung“ nicht als zwei voneinander getrennte Lebensbereiche an, sie sind vielmehr eng miteinander verzahnt, eines bedingt das andere. Spätere Generationen haben das nicht mehr so verstanden, sondern statt „indem“ ein „und“ gesetzt: Christus nachfolgen *und* das Evangelium den Armen verkündigen. Das ist aber nicht die ursprüngliche Intention von Alfons. Für ihn verwirklichte sich die Nachfolge präzise in der Verkündigung des Evangeliums – nicht nur im Wort, sondern durch und im ganzen Leben. Viele Jahre später wird Charles de Foucauld (1858–1916) in seiner Regel für die „Fraternität“ – eine Vereinigung von Frauen und Männern, Priestern und Ordensleuten mit dem Ziel der Evangelisierung – formulieren: „Die Brüder und Schwestern sollen ein lebendiges Evangelium sein; die

Menschen … sollen das Evangelium nicht durch Bücher und Worte, sondern im Blick auf ihr Leben kennen lernen." Er wünscht sich, „Geistliche und Laien, die nicht kommen, um zu predigen, sondern die durch ihr ‚Dasein' etwas von ihrem christlichen Leben durchscheinen lassen" (beide Zitate bei Six 61.69). Alfons von Liguori würde diesen Wunsch bereitwillig unterschreiben.

Das „Wie" der Verkündigung war für Alfons ebenso wichtig wie das „Was". In diesem „Wie" haben auch die evangelischen Räte ihren Platz. Das zeigt sich besonders daran, dass die Erlösermissionare alles vermeiden sollen, was die Armen hindert, die Frohe Botschaft zu hören – sie verzichten auf hochgelehrte Worte, die niemand versteht (der Predigtstil in Süditalien zur Zeit des heiligen Alfons war bestrebt, möglichst kunstvoll, ja „gedrechselt" zu sein!), und kommen auch äußerlich als Arme zu den Armen. Alfons stellt den Gehorsam in die Mitte – damit will er sichern, dass der Missionar nicht (bloß) sich selbst bringt, sondern in allem, was er tut oder nicht tut, Gott sichtbar wird, der in diese Freiheit hineinführt. Zu diesem Thema finden sich einige heute schwer verständliche und noch schwerer zu vermittelnde Ermahnungen in seiner Schrift „Der wahre Redemptorist". Zu starke Bindungen – etwa an die Familie – sah Alfons als hinderlich an, die Sendung zu leben und sich auf den Weg zu den Armen zu machen.

„Dem Beispiel des Erlösers" gilt es auch insofern zu folgen, als die Tradition – nicht im Blick auf einzelne Schriftstellen, sondern in einer zusammenschauenden Lektüre des ganzen Evangeliums – in den Worten „arm, ehelos, gehorsam" die Lebensform Jesu als Ganzes umschrieben sieht. In ihnen und durch sie lebt Jesus seine Verbundenheit mit dem Vater und seine Sendung vom Vater in die Welt. In ihnen drückt sich seine „Knechts-Existenz" aus, die in seinem Tod am Kreuz gipfelt (Scheuer, 386). Das bringt in besonderer Weise der erste Teil des so genannten „Philipper-Hymnus" aus Phil 2,6–8 auf den Punkt:

(Christus Jesus) war Gott gleich,
hielt aber nicht daran fest, wie Gott zu sein,
sondern er entäußerte sich und wurde wie ein Sklave
und den Menschen gleich.
Sein Leben war das eines Menschen;
er erniedrigte sich und war gehorsam bis zum Tod,
bis zum Tod am Kreuz.

Von Loslassen ist hier die Rede, von arm und gering werden, von Gehorsam – und vom Weg in den Tod. Der Hinweis auf den Philipper-Hymnus macht deutlich, dass ein Leben nach den evangelischen Räten nicht in einen wie auch immer gearteten „höheren" Rang führt, sondern „nach unten", in die Existenz für andere – und dass sie auch das Scheitern des Menschen umfassen (Scheuer, ebd.). Denn Jesu Tod am Kreuz, der zwar – so der zweite Teil des Hymnus im Philipperbrief – vor und durch Gott zur Verherrlichung führt, war vor den Augen der Welt und auch vor den Augen der damaligen religiösen Autoritäten ein offensichtliches Scheitern seines Lebensprojektes.

So steht ein Leben unter den Zeichen der „drei" evangelischen Räte realsymbolisch für die Entscheidung zur Nachfolge Jesu und für die Bereitschaft, das ganze Leben dafür einzusetzen, ohne sich eine „Hintertür" offen zu lassen. Die Räte sind nach Manfred Scheuer „Testfall von Glaube, Nachfolge und Theologie" (Scheuer, 19). Gleichzeitig gilt: Ohne eine lebendige Pflege der Freundschaft mit Jesus Christus verlieren sie ihren Grund und ihre Wurzel. Gebet, Gottesdienst und Feier der Sakramente, geistliche Lesung und Studium sind unerlässlich, um auf Dauer das Leben nach den evangelischen Räten stets neu an der Lebensweise Jesu auszurichten.

ERLÖSUNG, DIE INS GEHEN KOMMT

Der Verweis auf den Philipper-Hymnus zeigt, wie die Dynamik der Erlösung sich entfaltet und wie die evangelischen Räte damit zusammenhängen. Wir können aber noch genauer hinschauen, wie Erlösung „geht".

Es ist nicht leicht, heute von „Erlösung" zu reden. Alfons konnte noch leicht über Schuld und Sünde des Menschen sprechen und die alten theologischen Muster (etwa: Genugtuung, Sühneopfer) verwenden, heute haben die meisten Menschen keinen Zugang mehr dazu – auch Glaubende nicht. „Erlösung wird als Antwort gesehen, für die keine Frage besteht" (Londoño, Erlösung in der Spiritualität des heiligen Alfons). Natürlich sind Not und wohl auch Schuld in der Welt von heute nicht geringer als zur Zeit des süditalienischen Heiligen. Aber welche Rolle sollte darin ein Erlöser spielen? Ist es nicht an der Menschheit selbst, die Probleme zu lösen? Kann, will Gott überhaupt eingreifen – wenn es ihn denn gibt, was nicht wenige Zeitgenossen bezweifeln? Nicht nur wegen des zeitlichen Abstands lassen sich bei Alfons keine Antworten darauf finden. Er war kein Systematiker von Erlösung – er war ein Mensch, der Erlösung erfahren hat – punktuell in dem Augenblick, den er seine Bekehrung nannte und kontinuierlich in seinem Leben, besonders im Kampf gegen seine Skrupulosität. Den Moment seiner Bekehrung kann man mit Noël Londoño folgendermaßen beschreiben: „Alfons, der in Angst vor den Eltern und in Angst vor Gott aufgewachsen war, entdeckte eines Tages die Liebe Gottes. Und er sagte sich: Wenn Gott ihm in Jesus Christus so viel Liebe gezeigt hat, ist es der Mühe wert, sich Gott ganz zu übergeben. Er nannte diesen Tag immer den ‚Tag meiner Bekehrung'. Es war Ende August 1723, als er schon zehn Jahre Rechtsanwalt war" (Londoño, Erlösung in der Spiritualität des heiligen Alfons, 1).

Der Kern der Erlösung bestand für ihn also darin, die Liebe Gottes erkannt zu haben. Oder mit anderen Worten: sich selbst als geliebter Mensch Gottes entdeckt zu haben. Genau das ist die Erfahrung, die Alfons weitergeben wollte. Alle sollten sich als solche „Lieblinge Gottes“ erfahren können, besonders aber die Armen, die sich meist nur als abgelehnt, bestenfalls als geduldet erleben. Erlösung wird deshalb dort ermöglicht und weitergegeben, wo ein Mensch dem „Beispiel des Erlösers folgt“ und den Nächsten spüren lässt, dass er willkommen ist. Erlösung schafft Gemeinschaft – unter den Menschen und mit Gott.

Zu einem solchen Leben hat Alfons sich entschieden und ruft diejenigen, die mit ihm gehen wollen, zur gleichen Entschiedenheit auf. Er hat die Option getroffen, in die Fußstapfen Jesu Christi zu treten und sein Leben ihm gleich zu gestalten. Das Gelöbnis der evangelischen Räte ist deshalb kein von außen auferlegter Fremdkörper im Leben der ersten Redemptoristen, sondern eine folgerichtige Entscheidung, die deutlich macht, dass und wie der Redemptorist zusammen mit Jesus unterwegs ist. Das Wort „Rat“, das traditionell verwendet wird, kann ja leicht in die Irre führen: Es geht eben gerade *nicht* um einen „Ratschlag“, den man annehmen kann oder auch nicht. Es geht nicht um eine reine Empfehlung, die man ohne größeren Schaden ausschlagen kann. Es geht vielmehr um den Entschluss, entschieden und deutlich sichtbar die Nachfolge des Menschgewordenen antreten zu wollen. Das lateinische Wort, das im Deutschen mit „Rat“ wiedergegeben wird, verdeutlicht das. Denn *consilium* meint nicht nur „Rat“, sondern ebenso „Entschluss“, „Absicht“, „Plan“ (siehe dazu Herzig, Um des Himmelreiches willen, 7). Die tatsächliche Umsetzung der „evangelischen Räte“ ist ein „Lackmustest“, ob Nachfolge Christi entschieden gelebt wird. Zur Verdeutlichung sei gesagt, dass hier nicht nur die Form des Lebens der evangelischen Räte in den Orden gemeint ist, sondern alle

Christen angesprochen sind, wenn auch auf je unterschiedliche Weise gemäß ihrer Lebensform. Ebenso sind die klassisch gewordenen Räte Armut, Gehorsam und Keuschheit Platzhalter für die „vielfachen Räte des Evangeliums" (LG 42), von denen einige später benannt werden sollen.

Gleichzeitig wird damit deutlich, dass „evangelische Räte" nicht Ziel in sich oder Lebensinhalt sind, sondern auf etwas Größeres hingeordnet sind. Sie sind, wie es auch schon Thomas von Aquin verstanden hatte, „Instrumente", Werkzeuge, „wie man die Vollkommenheit, die in der Liebe (*caritas*) besteht, leben kann" (so Mirjam Schambeck mit Verweis auf Thomas von Aquin, Sth. II-II, q. 184, a.3.). So ordnen sie sich auch in die fundamentale Erfahrung des heiligen Alfons ein, dass Erlösung in der Entdeckung des Geliebtseins besteht. Dies den Menschen zu ermöglichen – darin bestand für Alfons die Sendung des Menschgewordenen, in dessen Nachfolge er sich mit seinen Gefährten sah. Dieser Blick auf den „Erlöser, den ersten und größten Missionar" (Regolamento per le sante missioni von 1747) gibt dem Leben der Redemptoristen Einheit und Gestalt. Die Praxis der evangelischen Räte ordnet sich in die Erfordernisse dieses „apostolischen Lebens" ein (vgl. Raponi, 134f), weil gerade in ihnen die Liebe zu Gott und den Menschen greifbar wird. Oder mit den Worten von Manfred Scheuer, der sich hier auf Hans Urs von Balthasar bezieht: „Die Räte sind das Ganze der erlösenden Liebe im Brennpunkt" (Scheuer, 152).

LEBENSGESTALT

DREI ODER EINS? ODER DREI IN EINS? ODER EINS IN DREIFACHER WEISE?

Erst nach und nach habe ich immer mehr begriffen, dass die „drei“ evangelischen Räte, von denen die Tradition spricht, also Armut, Gehorsam und ehelose Keuschheit, nicht drei voneinander fein säuberlich zu scheidende Lebensbereiche sind. Es gibt unzählige Überschneidungen zwischen Armut und Gehorsam, Keuschheit und Armut, Gehorsam und Keuschheit. Die drei evangelischen Räte sind miteinander ein lebendiges Geflecht, das ständig im Fluss ist. Man fängt bei einem an und landet beim nächsten. Kommt einer von ihnen in Bewegung, verändern sich wie bei einem Mobile auch die anderen. Wie arm ist dagegen die Rede von „drei“ Gelübden, die es als Ordenschrist „zu halten“ gilt! Den ersten Anstoß zu diesen Überlegungen bekam ich von keinem Geringeren als Thomas von Aquin, der zwar im Blick auf die Ordensleute von „drei Gelübden“ spricht, aber dann immer wieder zu einem anderen Ausdruck wechselt, nämlich dem des „dreifachen Gelübdes“, Gelübde also im Singular (zum Beispiel in: Contra impugnantes c.1.; De perfectione c.12)! Die „drei“ Gelübde laufen nicht gewissermaßen „neben“ und „zusätzlich“ zu meiner Entscheidung für ein Leben mit Gott, sondern sind die konkrete Entfaltung meiner Antwort auf den Ruf in die Nachfolge Christi. Und letztlich geht es auch nur darum: dass ich, wie Alfons sagen würde, auf die Liebe Gottes, die ich in meinem Leben entdeckt habe, mit „Gegenliebe“ antworte. Was auch schon

Thomas wusste und was es je neu zu buchstabieren gilt, ist, dass die drei Räte sich auf grundlegende menschliche Lebensbereiche beziehen, die symbolisch für das Ganze des Lebens stehen. Manche Autoren nennen dazu verschiedene Triaden: Sexualität, Besitzinstinkt und Selbstbestimmung etwa oder Wachstum, Freiheit und Macht bzw. Verwurzelung, Beheimatung und Besitz (vgl. Zulehner). Wie auch immer: Wer sein Leben nach den (klassischen drei) evangelischen Räten ausrichtet, meint damit sein *ganzes* Leben, seine *ganzen* Kräfte. In einer Zeit, in der man sich möglichst verschiedene Optionen offen halten will (und manchmal durch den Druck der Situation auch muss) und sein Leben fragmentiert je nach Lebensbereich (z. B. Arbeit und Privatleben) lebt, klingt das alte Wort „Ganzhingabe" seltsam und weltvergessen. Oder kann es gerade als offensichtliche Alternative neu seine motivierende Kraft entfalten und die Sehnsucht des Menschen nach „Ganzsein" stillen? Ich war jedenfalls überrascht, als in einer Fortbildung mit einer Ordensgemeinschaft gerade die jüngste Schwester überhaupt kein Problem mit dem Wort „Ganzhingabe" hatte!

INHALT, FORM UND FRAGMENT

Das Gelöbnis der evangelischen Räte Armut, Gehorsam und Ehelosigkeit um des Himmelreiches willen zählt im Denken vieler zum Wesentlichen und Unterscheidenden des Ordenslebens. Wahr daran ist, dass die *Inhalte* der Räte – nicht das Gelübde und die konkreten Formen – von Anfang an zum aufblühenden monastischen Leben gehören. Es sei an dieser Stelle nur auf die Geschichten der Wüstenväter und -mütter verwiesen, die sich um den Gehorsam des Mönches, um seine Beziehung zum anderen Geschlecht oder um seinen Umgang mit dem Besitz drehen. Und doch ist die Definition des Ordenslebens als Leben nach den evangelischen Räten doppelt zu kurz gegriffen:

- → Ordensleben in all seinen Formen umfasst weit mehr als ein „Halten“ der Gelübde. Wesentliche Elemente des Ordenslebens können nicht einfach unter die evangelischen Räte „subsumiert“ werden. Was ist z. B. mit dem Gebet? Was mit dem Gemeinschaftsleben? Wie verkümmert wäre ein Ordensleben, das das Gebet nur mehr als Gehorsamsleistung verstehen würde oder die Gemeinschaft auf das Teilen der Güter bzw. auf die Unterordnung unter einen Oberen reduzieren würde!
- → Zu kurz gegriffen ist es aber auch, wenn die Praxis der evangelischen Räte gleichsam an die Orden delegiert wird. Wenn es stimmt, wie die Tradition behauptet, dass die Räte die Lebensform Jesu sind: Wie kann Nachfolge Christi, zu der alle Christen durch Taufe und Firmung berufen sind, *ohne* den Geist der Räte (und eine diesem entsprechende Praxis) gelebt werden? So ist Diözesanpriestern eine „arme Lebensweise“ (Dekret über die Priesterausbildung 9) aufgegeben, und christliche Eheleute brauchen eine ihnen entsprechende Realisierung dessen, was „Keuschheit“ genannt wird.

Die evangelischen Räte sind kein „Alleinstellungsmerkmal“ der Orden. Es geht auch nicht darum, Differenzen herauszustellen, z. B. nach dem Motto: Die einen „halten“ die Räte, die anderen „nur“ die Gebote. Auch wenn seit dem Zweiten Vatikanischen Konzil die alte Unterscheidung zwischen Gebot und Rat im Prinzip überwunden ist, spukt sie doch meiner Erfahrung nach weiterhin in vielen Köpfen und Herzen. Ordenschristen werden immer noch als religiöse „Überflieger“ gesehen (oder idealisiert) – andere als „Bodenpersonal“, für das andere Gesetze gelten. Das mittelalterliche Bild (z. B. bei Papst Urban II. +1099) von denen, die den Berg besteigen (indem sie die Räte als „Werke der Übergebühr“, d. h. als etwas nicht Notwendiges, sondern Überschießendes praktizieren), und denen, die in der Ebene bleiben (und für die es „genügt", nach den Geboten zu leben), scheint mir manches Mal noch ziemlich lebendig.

Wenn und insofern mit den evangelischen Räten Wesentliches von der Lebensform Jesu eingefangen ist, dann müssen sie für alle Geltung haben, dann gehören sie zur christlichen Lebensgestalt als solcher hinzu. Sie sind Erkennungsmerkmal nicht bloß von Ordensmännern und –frauen, sondern spiegeln sich – in der einen oder anderen Form – im Leben aller wider, die sich für ein Leben als Christ entscheiden. Die ganz konkrete Lebensgestalt formt sich in einem fortwährenden Gespräch von Lebensform, Impuls des Evangeliums und Tradition. Diese Gestalt ist einem stetigen Prozess des Wachsens und Werdens unterworfen und bleibt notwendig fragmentarisch. Licht und Schatten gehören zu ihr. Sie ist nicht „fertig" – auch und schon gar nicht am Tag der Profess in einer Ordensgemeinschaft!

Seit den Tagen meiner Promotion begleitet mich der Gedanke vom „Fragment" als positiver Wirklichkeit. Ein Fragment gehört nicht gleich auf den Müllhaufen, nur weil es nicht (mehr) ganz ist. Ein Fragment kann etwas Kostbares sein und hat eine eigene Faszination. Das wissen besonders Archäologen. Ohne die „Fragmente", die bei Ausgrabungen gefunden wurden und die zur Rekonstruktion von Vasen oder sogar von menschlichen Skeletten verwendet werden, wüssten wir wesentlich weniger von unserer Vergangenheit. Wichtig ist, dass man durch das Fragment eine Ahnung bekommt, wie das Ganze ausgesehen hat oder aussehen soll. So hat es u. a. Dietrich Bonhoeffer ausgedrückt:

> *„Es kommt wohl nur darauf an, ob man dem Fragment unseres Lebens noch ansieht, wie das Ganze eigentlich angelegt und gedacht war und aus welchem Material es besteht. Es gibt schließlich Fragmente, die nur noch auf*

den Kehrichthaufen gehören, … und solche, die bedeutsam sind auf Jahrhunderte hinaus, weil ihre Vollendung nur eine göttliche Sache sein kann, also Fragmente, die Fragmente sein müssen – ich denke z. B. an die Kunst der Fuge. Wenn unser Leben auch nur ein entferntester Abglanz eines solchen Fragmentes ist, in dem wenigstens eine kurze Zeit lang die sich immer stärker häufenden verschiedenen Themata zusammenstimmen und in dem der große Kontrapunkt von Anfang bis zum Ende durchgehalten wird, … dann wollen wir uns auch über unser fragmentarisches Leben nicht beklagen, sondern daran sogar froh werden.“

Dietrich Bonhoeffer, Widerstand und Ergebung, 115

Auch für das Leben nach und mit den evangelischen Räten gilt das Wort des Paulus aus dem Zweiten Korintherbrief, dass wir „den Schatz in zerbrechlichen Gefäßen tragen“ (2 Kor 4,7a). Unser Leben gleicht oft genug Gefäßen, die zusammengeflickt sind, Risse haben oder bei denen etwas abgebrochen ist. Nach Paulus – der das Bild auf den Glauben an den „göttlichen Glanz auf dem Antlitz Christi“ (2 Kor 4,6) bezieht – dient diese Erfahrung dazu, uns zu lehren, dass es nicht ohne die Kraft Gottes geht. Das gilt auch und gerade für ein Leben aus dem Geist der evangelischen Räte, das Antwort auf einen – wie auch immer – ergangenen „Ruf“ ist, der nicht nur am Anfang steht, sondern die durchgehende Melodie, der *basso continuo* ist, auf dem die Stimme des Lebens aufbaut. Bei Alfons war es die überwältigende Erkenntnis der Liebe Gottes in Christus Jesus, die ihn zum „Troubadour der Liebe Gottes“ (Bernhard Häring) werden ließ und auf die er in seinem langen Leben als Ordensmann und Bischof Antwort gegeben hat.

EINE DYNAMIK DER UMKEHR

Diese Antwort wird nicht immer nur zu Harmonien führen, das Leben hält auch Dissonanzen bereit. Oder der *basso continuo* wird zu leise, übertönt von vielen anderen Tönen. Wir hinken nach, bleiben zurück hinter dem schon Gewonnenen. So geht menschliches Leben. Deshalb gehört zu einem Leben nach den evangelischen Räten auch das Element der Umkehr. Die Orientierung an der Lebensgestalt Christi ist nie abgeschlossen und kann an jedem Punkt wieder neu aufgenommen werden. „Nunc incipiam" – „Jetzt will ich anfangen", so rief Alfons noch im fortgeschrittenen Alter aus. „Umkehr" gehört von jeher in das Konzept christlichen Lebens und auch des Mönchtums und Ordenslebens hinein. Auch für den heiligen Alfons war dies ein entscheidender Punkt, der sein eigenes Leben, seine Schriften und Predigten geprägt hat. Traditionell galten die drei evangelischen Räte auch als „Heilmittel" für die dreifach gefährdete Situation des Menschen in Hinblick auf Macht, Besitz und Sexualität. So sehr diese drei von Gott gegebene und geschenkte Triebkräfte sind, die für menschliches Leben notwendig sind und es tragen und gestalten, so sehr können sie auch eine Richtung annehmen, die für den Menschen selbst, für die Mitmenschen und die Welt zerstörerisch sein kann. Die evangelischen Räte von Armut, Gehorsam und Keuschheit kann man auch als heilvolle Gegenprinzipien gegen diesen unheilvollen Zug der Kräfte im Menschen sehen. Die Tradition hat darauf einen großen Wert gelegt, vor allem in der Form der Askese, die manchmal überhandgenommen hat. Die hinter der asketischen Ausrichtung stehende Einsicht darf meines Erachtens aber auch heute nicht vergessen werden. Unser Leben braucht Ordnung und manchmal auch Askese und Disziplin, damit es für mich und andere gut geht. In den Ordensregeln meiner Gemeinschaft heißt es dazu: „Durch die Taufe sind wir in die Lebens- und

Schicksalsgemeinschaft mit Christus hineingenommen. Sein Leben und sein Evangelium zeigen uns, wie wir mit dem menschlichen Grundstreben nach Besitz, Macht und Zuwendung in rechter Weise umgehen sollen" (K 30).

Interessanterweise ist es gerade die Form des Gelübdes, mit dem sich Ordensleute auf die evangelischen Räte verpflichten, die dieses dynamische Element der Bekehrung ins Spiel bringt. Die Vorstellung vom „Gelübde" mag zunächst mehr mit Stabilität, Treue, Sicherheit verbunden sein. Aber das ist nur eine Seite. Die Profess eines Ordensmitglieds ist gleichzeitig das öffentlich gegebene Versprechen, auf einem lebenslangen Weg der Umkehr zu bleiben. Man macht sich damit anfragbar von außen: Jeder darf mich fragen, wie es denn nun mit meinem Versprechen ist. Ich stelle mein Leben zur Verfügung, dass es kritisch durchleuchtet werden darf. Nicht bloß ich „halte" mein Gelübde, sondern das Gelübde will mich halten – mich halten auf dem eingeschlagenen Weg der Nachfolge Christi und mich an meine anfängliche Option erinnern, wenn ich sie zu vergessen drohe. Das ist das dynamische Element der Profess, die ein Prozess *bleibt* und nicht den Endpunkt eines Prozesses (z. B. der Ausbildungszeit im Orden) darstellt.

Ein Gedicht von Andreas Knapp bringt diese Erkenntnis poetisch zur Sprache:

Gelübde

nein
ich habe mich nicht versprochen
denn mein Versprechen gilt
in ihm bin ich es selber
mein Wort und ich sind eins

Treue ist wie eine Wurzel
die hinabreicht bis
ins Grundwasser der ersten Liebe
und in dieser Tiefe
Halt und Nahrung findet
wo ich verwurzelt bin
da stehe ich

und das Gelübde
ist kein Konservierungsmittel
vielmehr ein belebendes Ferment
das die stets wandelnde Geschichte
von innen zu verwandeln sucht
durch Sinn und Richtung
damit das Leben nicht
wie ein zerschellter Krug
in Bruchstücke zerfällt
sondern ein Ganzes wird
und ich ganz werd in ihm

Andreas Knapp, Brennender als Feuer, 20

Mir persönlich ist in diesem Zusammenhang das griechische Wort *metánoia* mit seinen Varianten bedeutsam geworden. Dem Wortsinn nach kann man es am besten mit „umdenken", „Sinnesänderung" wiedergeben und so die geläufige Übersetzung mit „Umkehr" in einem neuen Licht sehen. Dieses „Umdenken" ist das, wozu Jesus die Menschen ruft und aufruft (vgl. Lk 5,32; Mk 1,15). Meine Erfahrung ist, dass vieles in meinem Leben „im Kopf" beginnt: wie ich über mich selbst und andere denke, wie ich mein bisheriges Leben sehe, wie ich über Menschen, wie ich über die Welt und Gott denke – das hat Wirkung, selbst wenn ich (noch) nichts tue. Und es hat natürlich auch Auswirkung auf mein konkretes Handeln. Ob und auf welche Weise ich mich selbst als angewiesen sehe und denke, wirkt sich darin aus, ob ich auch bitten kann. Das ist ein Aspekt, der für mich zur Armut gehört. Wenn ich den oder die andere als „unmöglich“ oder „unfähig“ denke, werde ich mich schwertun, auf ihn oder sie zu hören und ihre Meinung ernsthaft in Betracht zu ziehen, was mit Gehorsam im Sinn des Hörens aufeinander zu tun hat. Wenn mein Denken auf eine „glorreiche Vergangenheit“ konzentriert ist, wird es mir schwerfallen, mich vertrauensvoll der Zukunft zu öffnen, wie es eigentlich der „Jungfräulichkeit“ entspricht, die für mich ein Aspekt des Rates der Ehelosigkeit um des Himmelreiches willen ist. Nicht umsonst haben Wüstenväter und Kirchenväter viel von den „Gedanken“ gesprochen, die der Heilung bedürfen.

INNEN UND AUSSEN

Damit bin ich bei einem weiteren Thema gelandet, das für mich im Blick auf die evangelischen Räte wichtig ist: Sie haben jeweils ein „Innen“ und ein „Außen“. Oder anders gesagt: Es gibt den „Geist“ und die „Praxis“ der evangelischen Räte. Beide stehen miteinander in einem wechselseitigen Prozess und können nicht gegeneinander ausgespielt werden. Auch ist es nicht so, dass eine Gruppe von Christen „nur“ den Geist der Räte haben sollte und die anderen (die Ordensleute) „auch“ die Praxis. Geholfen hat mir eine Unterscheidung, die ich bei Willi Lambert gefunden habe. Er differenziert zwischen dem Halt, der Haltung, dem Verhalten und den Verhältnissen (Lambert, 18–20). Mit *Halt* meint er die Beziehung zu Gott, der festes Fundament meines Lebens ist. Die *Haltung* ist das, was sich in mein inneres Leben eingeschrieben, „einverleibt“ hat, sei es positiv-lebenspendend oder negativ-lebenshinderlich für mich und anderen gegenüber. Die alte Tugendlehre hat in diesem Fall vom *habitus* gesprochen, der meinen Handlungen zugrunde liegt. So gibt es die Haltung des Respekts und die Haltung der Abwehr des Fremden, es gibt Offenheit und Bitterkeit. Genauso gibt es auch die Haltung der Armut, die mich darum wissen lässt, dass ich nicht mir selbst genüge, sondern auf andere und anderes angewiesen bin. Es gibt die Haltung des Gehorsams, die mich hinhören lässt – auf andere, auf die Zeichen der Zeit, auf die leisen Klopfzeichen Gottes. Es gibt die Haltung der Keuschheit, die mich die Schamgrenze des anderen wahren lässt und Übergriffe jeder Art vermeidet. Damit ist auch schon die dritte Dimension des *Verhaltens* angesprochen. Meine konkreten Handlungen sind Frucht von grundlegenden Haltungen. Schließlich meint Willi Lambert mit *Verhältnissen*, wie ich das Leben äußerlich gestalte, zum Beispiel in Wohnung, Kleidung, Mobilität, technischer Ausrüstung und vielem mehr.

Die Interaktion von Halt, Haltung und Verhalten bzw. Verhältnissen hat mehrere Facetten:

→ Der erste entscheidende Punkt liegt in der Beziehung zum letzten Halt meines Lebens: Wer ist dieser Gott für mich? Für den christlichen Glauben ist es der Gott, der den Menschen ins Leben ruft und im Leben erhält, der liebend auf sein Geschöpf schaut. Und der nicht nur mein Vater, sondern „unser“ (aller) Vater ist und wie eine Mutter sorgt. Grundlegend für ein gesundes Leben nach den evangelischen Räten ist das Vertrauen in diesen Gott. Angst trägt nicht auf Dauer und dient dem nicht.

→ Die Haltung wird im konkreten Verhalten sichtbar und erkennbar, für mich und für andere. Wenn ich z. B. trotz gelobter Armut mich mit vielen Gütern umgebe (egal, ob sie geschenkt, ob sie neu oder gebraucht sind), dann deutet das darauf hin, dass wahrscheinlich an meiner inneren Haltung der Armut etwas nicht im Lot ist. Oder ein positives Beispiel: eine Mitschwester, ein Mitbruder, die fähig sind, gemeinsam getroffene Entscheidungen loyal mitzutragen und nicht zu unterwandern, auch wenn diese nicht ihre erste Wahl waren, leben aus einer Grundhaltung des Gehorsams heraus, der die Gemeinschaft als Gut sieht.

→ Es gibt nicht den „Geist der Räte“ ohne konkretes Verhalten, er bliebe denn eine leere Formel. Was im Menschen ist, dringt nach draußen, sucht sich seine Form und seine äußere Gestalt. Das drückt sich auch im Wohnen, Essen, im Freizeitverhalten oder in Urlaubsgewohnheiten aus.
→ Auch die umgekehrte Richtung habe ich erfahren: Mag ein konkretes Verhalten zunächst äußerlich bleiben, so kann es auf Dauer durch die ständige Übung auch meine innere Haltung beeinflussen. Im Tun können Werte im Lauf des Lebensprozesses liebgewonnen werden, können sich Erfahrungen verfestigen und Wurzeln nach innen schlagen. Auch die äußeren Verhältnisse, in denen ich lebe und die ich aktiv gestalten kann, wirken auf mein Inneres. Man kann früheren Praktiken im Kloster Formalismus vorwerfen (und liegt dabei in vielem richtig), man kann aber auch eine Weisheit darin entdecken, die bis heute Gültigkeit hat: Durch Üben und Gestalten wächst der innere Mensch. Mir kommt dabei eine Erfahrung aus dem Bereich der Gesundheit zu Hilfe: Früher hatte ich wenig Durstgefühl. Erst seit ich „vom Kopf her“ begonnen habe, mehr zu trinken (= Verhalten), verspüre ich auch schneller von selbst Durst. Manchmal ist es notwendig, dass ich mich zunächst „nur“ willensmäßig auf konkrete Ausdrucksweisen von Armut, Gehorsam und Keuschheit einlasse und sie mir erst später, nach langer Übung auch zu einem Herzensanliegen werden.

WIRKUNGSORTE

Zu Beginn meines Ordenslebens habe ich das Leben nach den evangelischen Räten in erster Linie auf mein Verhältnis zu Gott und auf einige konkrete Regelungen im Gemeinschaftsleben bezogen. Eigene Erfahrungen, Lektüre und Gespräche haben meine Sicht erweitert: Natürlich geht es um meine

Beziehung zu dem Mysterium, das wir Gott nennen. Und es geht um Gemeinschaft – aber nicht nur um bestimmte Regelungen, sondern um eine Grundeinstellung. Im Gehorsam z. B. nicht nur den Oberen gegenüber, sondern dem ganzen „Projekt“ der Gemeinschaft und den Mitschwestern gegenüber. Weiß ich um meine Gaben und meine Armut, akzeptiere ich sie und kann mich so an den Gaben der anderen freuen, anstatt mich durch sie andauernd in Frage gestellt zu wissen? Achte ich die Grenzen der anderen, begegne ich ihnen mit Respekt und Klarheit?

Weitere Dimensionen sind für mich hinzugetreten: das Verhältnis zu mir selbst und meiner eigenen Lebensgeschichte etwa. Wie kann ich mit der Gebrochenheit und Armut meiner Existenz gut umgehen? Wie werde ich mir selbst, meiner Lebensphase gehorsam und lebe in ihr die mir gemäße Weise der Keuschheit? Was mache ich mit der Entdeckung, dass mich nicht nur geistliche Erfahrungen auf die Spur der evangelischen Räte und des Ordenslebens gebracht haben, sondern möglicherweise auch Lebenswunden und Fluchttendenzen? Was mache ich mit dem unwiederbringlich Verlorenen und Verpassten in meinem Leben? Kann ich mich im Geist von Armut, Gehorsam und Ehe-losigkeit (die ja etwas lässt!) damit versöhnen? Ähnliches wird trotz aller Unterschiedlichkeit auch für die Wahl eines konkreten Ehepartners, einer Ehepartnerin gelten oder für die Entscheidung zum Single-Leben.

Hinzugekommen ist für mich auch die Praxis der evangelischen Räte im Bereich der Sendung, des Umgangs mit den Menschen, zu denen ich gesandt bin. Komme ich als jemand, die schon alles weiß und andere nur erziehen will? Oder kann ich hören, kann ich mich bereichern, ja „evangelisieren“ lassen auch durch die, denen ich helfend begegnet bin? Ein Leben nach den evangelischen Räten hat auch konkrete Folgen für meinen Umgang mit der Schöpfung, mit den Ressourcen der Erde und der Sorge, dass zukünftige Generationen auch noch leben können. Nehme ich das Stöhnen der Schöpfung noch wahr, bei allem, was wir ihr antun? Muss ich alles haben, um den Preis der Zerstörung der Erde? Wo setze ich wenigstens Zeichen?

Ein ganz aktuelles Feld, in dem die evangelischen Räte ihre Wirkung entfalten können, ist das wachsende interkulturelle Zusammenleben. Jeder, der sich in einem internationalen Kontext bewegt bzw. mit Menschen anderer Kulturen zusammenlebt, weiß um den Reichtum und die Schwierigkeiten. Es braucht viel Respekt vor Grenzen, es braucht das Eingeständnis, dass die eigene Kultur nicht „alles" ist, und es braucht viel Hinhören auf die Bedürfnisse von Menschen, die anders kulturell geprägt sind. Der lange Atem der „Jungfrau", die warten kann und nicht zu hoffen aufhört, gibt die nötige Geduld in interkulturellen Prozessen, die keine schnellen Lösungen haben.

Schließlich stellt sich die Frage nach dem kollektiven Zeugnis eines Lebens nach den evangelischen Räten. Zu Recht wird es von den Orden im Bereich der Armut eingefordert und bleibt ein ständiger Stachel im Fleisch. Gilt, was für die Armut gilt, auch für Gehorsam und Ehelosigkeit? Wo und wie wird etwa deutlich, dass Orden *als Gemeinschaft* das Hören auf Gott, auf sein Wort, auf den Anruf der Nöte der Zeit und die Anforderungen der Kirche pflegen? Sind Ordensgemeinschaften Gruppen von selbstverliebten oder sauertöpfischen Alleingebliebenen oder gelingt es ihnen, im Sinne der Jungfräulichkeit sich als Gemeinschaft hoffnungsvoll nach vorne auszustrecken und dies durch gemeinschaftliche Handlungen zum Ausdruck zu bringen? Gleiches gilt für das kollektive Zeugnis der Kirche insgesamt oder von Pfarrgemeinden. Auch da kann an bestimmten Punkten sichtbar werden, dass die Getauften als Gemeinschaft arme, gehorsame und „jungfräuliche" Kirche sind.

Damit habe ich schon einigen konkreten Hinweisen zum Leben nach den drei evangelischen Räten in der Spur Jesu vorgegriffen. Festzuhalten bleibt: Das Leben nach den evangelischen Räten will allen Lebensbereichen den Stempel des Evangeliums aufdrücken und nicht nur für einige „Kammern“ des Lebenshauses reserviert bleiben.

IN FREIHEIT NACH DEM EVANGELIUM LEBEN

Gehen wir noch einmal zurück zu Alfons von Liguori. Wie bereits gesagt, seine große Entdeckung war, durch die Erkenntnis und Annahme der überwältigenden Liebe Gottes – Gott ist „verrückt vor Liebe“ (ital. *pazzo per amore*) – von den Lasten seiner Vergangenheit und seiner inneren Spannungen (er war äußerst skrupulös, mit heutigen Worten sehr ängstlich und peinlich genau) erlöst zu sein und es im Laufe seines Lebens immer mehr und immer neu zu werden. Dadurch konnte er sich nach vorne ausrichten und blieb nicht nach hinten – in die Vergangenheit hinein – hängen. Auch zum Beispiel dann nicht, als in einer ernsten Krise der Gemeinschaft fast alle die Gründung wieder verließen. Seit seiner Bekehrung zur Liebe Gottes galt sein Streben danach, diese Erfahrung möglichst vielen Menschen zu ermöglichen. Der Blick auf Leben und Sterben Jesu, besonders auf seine Menschwerdung und seinen Tod am Kreuz, schenkte ihm die Gewissheit, bedingungslos geliebt und gewollt zu sein. Das gab ihm eine große Freiheit: eine Freiheit, zu lassen und loszulassen, eine Freiheit, sich der Führung anderer anzuvertrauen, ohne Angst, sich selbst zu verlieren, eine Freiheit, klar Stellung zu beziehen, wo er es für nötig erachtete. Dabei hat er durchaus auch Fehler gemacht und ist über das Ziel hinausgeschossen, zum Beispiel als er den später heiliggesprochenen Bruder Gerhard Majella hart und zu Unrecht verurteilte, ohne ihm die Gelegenheit zur Verteidigung gegeben zu haben. Da hat er seine eigene Armut und Begrenzung erfahren, sich aber nicht aufgegeben.

An Menschen wie Alfons wird sichtbar, dass es die Grundlage eines Lebens nach dem Evangelium ist, sich von Gott geliebt und angenommen zu wissen. Das gibt Freiheit,

… nicht alles haben zu müssen, was rund um uns angeboten wird, und teilen zu können ohne Angst (Armut),

… nicht alles allein tun und wissen zu müssen, sondern auf andere zu hören und miteinander in der Welt zu wirken (Gehorsam),

… nicht im anderen nur mich selbst suchen zu müssen, sondern in Freiheit auf ihn, auf sie als den anderen zugehen zu können (Keuschheit).

Wo dies wenigstens fragmentarisch gelingt, kann das von Jesus angesagte „Reich Gottes" bereits jetzt verkostet werden, gleichsam als Aperitif für das große Gastmahl, bei dem „viele … von Osten und Westen kommen und mit Abraham, Isaak und Jakob im Himmelreich zu Tisch sitzen" werden (Mt 8,11). So sind die evangelischen Räte ausgerichtet „auf das Reich Gottes, das schon mitten in der Welt ist, auf die neue Familie Gottes" (Scheuer, 271). An ihnen wird deutlich, wie die erlöste Gemeinschaft mit Gott und untereinander aussehen kann – unter den Bedingungen des gegenwärtigen Lebens, das noch im Prozess ist, sich in der Spannung von „schon" (da) und „noch nicht" (vollkommen) abspielt. Sie helfen mit, eine Gemeinschaft zu bauen, die es den Einzelnen ermöglicht, ihre Berufung zum Menschsein, wie sie der christliche Glaube versteht, zu leben (vgl. Leimgruber, 348–372). Im Konzilsdokument über die Kirche in der Welt *Gaudium et spes* heißt es, „dass etwas wie ein göttlicher Same" in den Menschen „eingesenkt ist" und die Kirche mitarbeiten will an der „Errichtung jener brüderlichen Gemeinschaft aller, die dieser Berufung entspricht" (GS 3). Eben auf dieses Ziel hin sind auch die evangelischen Räte ausgerichtet.

ARMUT: BEFREIT ZUM DANKBAREN EMPFANGEN UND ZUM TEILEN

Über „Armut“ zu schreiben ist schwer. Wie viele Facetten dieser Begriff in sich birgt! Worüber redet man, wenn man über Armut als evangelischem Rat spricht? Darf man als von der Gemeinschaft letztlich abgesicherter Ordenschrist angesichts der Armut in der Welt oder angesichts des Kampfes um Überleben in der Gesellschaft auch hier in Mitteleuropa überhaupt von „Armut“ sprechen, ohne dass es zynisch klingt? Keinesfalls verstehe ich mich oder uns Ordensleute als „Experten im Umgang mit Armut“ (vgl. Haneklau, 182). Mir ist sehr bewusst, dass „Experten“ im Umgang mit Mangel und Bedürftigkeit diejenigen sind, die Tag für Tag sehen müssen, wie sie ihr Leben materiell bewältigen können – Geringverdienende, Langzeitarbeitslose, Obdachlose, kranke und alte Menschen mit geringer Rente, um nur einige Betroffene zu nennen. Immer wieder ist vorgeschlagen worden, ein anderes Wort für diesen evangelischen Rat einzusetzen, „Einfachheit“ zum Beispiel oder „einfacher Lebensstil“. Aber das wäre letztlich eine Verengung, denn viele Dimensionen des evangelischen Rats der Armut blieben dabei unbeachtet. So hilft die Umbenennung nicht weiter. Auch im Blick auf die Tradition und die biblischen Quellen müssen wir uns an dem Begriff „arm“ abarbeiten – und werden doch immer wieder dahinter zurückbleiben.

„Armut“ ist ein analoger Ausdruck und hat viele Gesichter: Es gibt die materielle Armut, eine geistige und eine spirituelle Armut. Sie kann in Recht- oder Machtlosigkeit bestehen oder sich als kulturelle Armut zeigen – in dem Sinn, dass es mir nicht ermöglicht wird, die mir eigene Kultur zu leben, zum Beispiel bei Migration, Flucht oder Nichtkenntnis der Sprache. Alter und Krankheit können mich an einen Ort binden und meine Mobilität einschränken. Genauso gibt es die

Beziehungsarmut, die den Menschen einsam macht. Armut ist also nicht gleich Armut: Manches wird einem Menschen unrechtmäßig auferlegt, manches wird mich im Laufe meines Lebens einholen, einfach weil ich Mensch bin. Und es mag selbst verschuldete Anteile geben.

Zentral bei der Armut als *evangelischem Rat* ist, dass es um *frei gewählte* Armut geht. Um eine Armut, aus der man nicht endlich herauskommen, sondern in die man im Gegenteil immer tiefer hineinwachsen will. Das macht einen großen Unterschied aus. Normal ist es, den Wunsch zu haben, endlich aus einer prekären Situation herauszukommen. Armut in sich, zumal himmelschreiende Armut oder Elend, ist kein Wert. Solche Armut gehört bekämpft und – in gemeinsamer Anstrengung – überwunden. Diese Art Armut ist nicht schön und nicht anstrebenswert, sondern ein Übel. Vor einiger Zeit habe ich in einer Zeitung von der Installation des niederländischen Künstlers Renzo Martens in einem Dorf im Kongo gelesen. Er ließ dort eine Neontafel mit dem Schriftzug aufstellen: „Enjoy poverty. Please" – „Freu dich an der Armut. Bitte." Der Künstler wollte damit provozieren, vor allem die ausländischen Besucher. Denn Armut wird oft verklärt oder als touristische Sehenswürdigkeit ausgegeben. Bekämpfung der Armut ist nicht immer nur von edlen Motiven getragen, sondern dient manchmal auch dem eigenen Profit. In diesem Sinn kann man sich dann „an der Armut freuen". Es kann auch sein, dass nur einige wenige Betroffene von der Hilfe profitieren und andere erneut mit leeren Händen zurückbleiben. Oder deckt der Künstler die Ängste der Reichen auf, die sozusagen flehen: Bitte, seid nicht wütend über eure Armut, findet euch darin ein. Dann brauchen wir uns auch kein schlechtes Gewissen machen und können in Ruhe und Frieden ungestört unseren Reichtum leben. Die Lichtinstallation ist auch für mich als Ordenschristin herausfordernd: Freu dich an der Armut! Reibe dich nicht an dem, was du versprochen hast, versuche es nicht auszutricksen, sondern steige in eine tiefere Freude ein, nimm es ernst! Bitte!

Aber: Was gelobt eigentlich jemand, der in einem Orden „Armut“ gelobt? Das katholische Kirchenrecht gibt folgende Antwort: „Der evangelische Rat der Armut in der Nachfolge Christi, der um unseretwillen arm wurde, obwohl Er reich war, hat außer einem in Wirklichkeit und im Geiste armen Leben, das nach Kräften in Bescheidenheit und fern von irdischem Reichtum zu führen ist, Abhängigkeit und Beschränkung zur Folge in Gebrauch und Verfügung über Vermögen nach Maßgabe des Eigenrechts der einzelnen Institute“ (CIC c. 600). Diese etwas knöchern wirkende Formulierung birgt doch einige Hinweise in sich:

- → Es geht um Nachfolge Christi, um seine Art der Armut, die hier mit dem Wort aus dem Zweiten Korintherbrief 8,9 als Sendungsarmut beschrieben wird, als Armut „um willen“: „Um unseretwillen“ ist er arm geworden. Ordensarmut hat ein Ziel, sie ist kein Wert in sich.
- → Ordensleute sollen eine Armut *in re et spiritu*, das heißt tatsächlich sichtbar, erkennbar und dabei getragen von einer inneren Haltung leben. Außen und innen sollen zur Übereinstimmung kommen und zusammenklingen. Die äußere Gestalt wird als „Bescheidenheit“ und Leben „fern von irdischem Reichtum“ definiert.
- → Spezifisch für diejenigen, die sich im Orden auf den evangelischen Rat der Armut verpflichten, sind laut Kirchenrecht „Abhängigkeit und Beschränkung in Gebrauch und Verfügung“. Konkret heißt das: fragen, absprechen. Dieser Gedanke der Ordensarmut als abhängigem Umgang mit den Gütern (auch z. B. mit dem Erbe oder mit mitgebrachtem Gut) hat das Verständnis des Gelübdes der Armut lange dominiert. Deshalb formulierte das Ordensdekret *Perfectae caritatis* kurz und bündig: „Die Ordensarmut beschränkt sich nicht auf die Abhängigkeit von den Obern

[sic!] im Gebrauch der Dinge“ (PC 13). Die Falle dabei könnte nämlich sein, dass „arm“ immer das ist, was die jeweiligen Oberen erlauben und so die Gesinnung der Armut zerstört wird. Ich sehe jedoch auch einen bleibenden Wert in dieser „Übung“ der Abhängigkeit. Denn sind es nicht die Armen, die Ansuchen schreiben, die sich anstellen müssen, die auf einen positiven Bescheid warten müssen, den sie oft nicht bekommen oder nur unter Bedingungen? Der Geist der evangelischen Armut wird sich nicht zuletzt darin erweisen, wie ich mit einem „Nein“ umgehe oder ob ich auch dann noch in Frieden leben kann, wenn das, was ich mir so gewünscht habe, nicht da ist oder nicht möglich ist.

→ Das Kirchenrecht verweist auf das so genannte „Eigenrecht“, also die Regeln der jeweiligen Ordensgemeinschaften. Das deutet darauf hin, dass es nicht „die“ Ordensarmut gibt, sondern sie sich je nach Sendung und Charisma der Ordensgemeinschaften ausbuchstabiert. Gemeint ist im Kanon des Kirchenrechts zunächst, inwiefern Ordensleute über ihr persönliches Vermögen, das sie mitgebracht oder ererbt haben, verfügen können oder auf jede Verfügung verzichten. Aber man kann diesen Gedanken durchaus weiterspinnen: In welcher Weise „Armut“ konkret gelebt wird, hängt mit der Sendung der ganzen Gemeinschaft zusammen. Armut wird anders aussehen, wo Aufgaben dastehen, die eine fundierte Ausbildung brauchen, als dort, wo eine Gemeinschaft die schlichte Präsenz unter den Menschen als ihre Sendung sieht. An anderer Stelle spricht das Kirchenrecht davon, dass die Normen jedes Ordensinstituts dazu dienen sollen, dass „*die ihm eigene Armut* gefördert, verteidigt und zum Ausdruck gebracht wird“ (CIC c. 635 §2, Hervorhebung von A. H.). Vielgestaltig wie die Ausdrucksformen sind im Laufe der Ordensgeschichte auch die Motive, sich für ein Leben in Armut zu entscheiden. Viele Ordensgründungen sind inspiriert von der Armut der Menschwerdung des Gottessohnes oder seinem verborgenen Leben in Nazareth. Leiden und „nackter" Kreuzestod Jesu sind weitere Motive, die auch den heiligen Alfons bewegt haben. Andere Traditionen leiten sich mehr vom Gedanken der Gütergemeinschaft (vgl. Apg 2,44f) oder der apostolischen Armut des Wanderpredigers Jesu und seiner Jünger ab. Andere wissen sich zur Armut gerufen primär um der Solidarität mit den Armen willen, weil sie im Angesicht der Armen nicht anders leben können und wollen.

Leider greift das Kirchenrecht im Kontext des Gelübdes der Armut nicht den ausdrücklichen Gedanken des Ordensdekrets auf, dass die Institute danach trachten sollen, „ein gleichsam kollektives Zeugnis der Armut abzulegen, so wie es in ihrer Umwelt angebracht ist" (PC 13). Dieser Hinweis findet sich erst als letzter Absatz im Abschnitt über das Vermögen und die Vermögensverwaltung (CIC c. 640). In diesem Bereich liegen aber gerade die großen Herausforderungen für die Ordensgemeinschaften: Wie kann es gelingen, ein solches gemeinschaftliches Zeugnis der Armut abzulegen, und zwar genau an dem Ort, an dem sie leben? Da ich selbst in einer kleinen Stadtwohnung aufgewachsen bin, ist für mich z. B. der große Raum, den ich in Klöstern vorfinde, immer noch ein Luxus. Und so wirkt er sicher auch auf andere Menschen, die in einer beengten Wohnsituation leben. Heißt das dann, die Klöster aufzugeben? Oder brauchen wir einen großzügigeren Lebensraum für die Art unseres Zusammenlebens? Wie pflegen wir Gastfreundschaft und nutzen die Räume? Gleichzeitig muss man sagen, dass dieser große Raum für viele Gemeinschaften heute zur Last geworden ist und sie nicht mehr imstande sind, diesen zu nützen und zu erhalten, weil die personellen und oft auch die materiellen Ressourcen fehlen. Vieles muss heute los-gelassen werden – und damit rücken wir der Armut ein Stück näher.

„Armut" ist also *relativ* – zur jeweiligen Zeit, zum gesellschaftlichen Umfeld, zur Lebensform, zur konkreten Sendung einer Gemeinschaft. Als Mitglied einer Ordensgemeinschaft redemptoristischer Prägung sind mir der Gedanke der Freiheit und der erlösende Aspekt der Armut besonders wichtig. Darum soll es im Folgenden in erster Linie gehen, ohne andere Dimensionen von Armut auszuschließen (siehe dazu: Bohl, Ehrlich bedürftig, 143–160).

Evangelische Armut befreit. Sie befreit *von* inneren und äußeren Bindungen und sie befreit *zum* dankbaren Empfangen und Teilen. Die Gesinnung der Armut und ein ihr entsprechendes Handeln öffnen Türen, dass Erlösung wirken kann.

Befreiung von ...

Es kann belastend sein, vieles nicht besitzen und erreichen zu können. Es kann aber auch ungemein befreiend sein, nicht alles haben zu müssen, was in unserer Konsumgesellschaft als ein „Muss" präsentiert wird. Dabei geht es nicht unbedingt um große Geldsummen, sondern das Spektrum reicht von Lebensmitteln und alltäglichen Dingen wie z. B. Haushaltsgeräten bis hin zu Autos, technischen Geräten, Reisen. Bin ich abhängig von einer Marke, brauche ich sie als Statussymbol oder für mein Wohlbefinden? Woher speisen sich mein Glück und meine Zufriedenheit? Das sind Fragen, die sich immer neu stellen – allen und auch den Ordensleuten, die Armut gelobt haben. Ein Zuviel an Gütern und Besitz kann die Bruchstellen des Lebens zudecken und Weiterentwicklung verunmöglichen. Das Neue Testament warnt vor dem Reichtum, weil er versklaven kann; weil er Gräben zwischen Menschen aufrichtet und trügerische Sicherheit bietet (z. B. Lk 12,13–21). Die Armen, hebr. *anawim*, von denen die späten Schriften des Alten Testamentes sprechen, sind jene, die sich wegen ihrer tatsächlichen Armut nicht auf sich selbst und ihren Besitz verlassen können, sondern wissen, dass sie letztlich von Gott abhängig sind. Diese Art Armut befreit von einer bedrängenden Lebensangst, von einer „ängstlichen Sorge" (vgl. Lk 12,29; Mt 6,25–34). Sie ist so auch wesentlicher Bestandteil eines Lebens, das die Option zur Armut getroffen hat. Negativ gesagt: Wo die ängstliche Sorge überhandnimmt und das Vertrauen – das nicht mit Leichtsinn zu verwechseln ist – dem Festhalten weicht, fehlt die befreiende Gesinnung der Armut.

Befreiung zu ...

Schon mehrere Jahre begleitet mich ein Satz der amerikanischen Ordensfrau Camilla Burns: „Die allererste Pflicht der Armut ist nicht, alles wegzugeben, sondern alles zu empfangen. ... Die erste Dynamik des Gelübdes der Armut ist nicht Enteignung, sondern dankbarer Besitz." Das ist ja das Schwierige an jeder Form der Armut: dass ich nicht Herrin meiner selbst bin, sondern darauf angewiesen, von anderen zu empfangen – ohne sofort ausgleichen zu können, vielleicht ohne jemals ausgleichen zu können. Evangelische Armut will genau dazu befreien: Empfangende sein zu können – Gott gegenüber und Menschen gegenüber. Auch in den Konstitutionen der Missionsschwestern vom Heiligsten Erlöser, denen ich angehöre, heißt es: „Ein Leben in evangelischer Armut öffnet uns für die befreiende Erfahrung, dass alles Geschenk des einen Vaters ist, von dem wir alles erwarten dürfen" (K 40). Die Armut, die aus dem Evangelium herkommt, will dazu befreien, unser „armes Menschsein" anzunehmen und zu bejahen. Wir sollen frei „Ja" sagen können zu dem, was uns als menschlichen Wesen vorgegeben ist: zu den uns geschenkten Talenten und Fähigkeiten genauso wie zu unserer Verwiesenheit auf andere, zu unserer Bedürftigkeit, zu den Grenzen, die uns gesetzt sind oder die andere Menschen dadurch vorgeben, dass sie einfach da sind. Ein Ja zu dieser „Wesensarmut" heißt auch ein versöhntes „Ja" zu mir selbst, zu meiner Geschichte, meinen Begrenzungen und den Verletzungen, die mir das Leben zugefügt hat. Befreiende Armut wird da gelebt, wo mich das Wissen um meine eigene Erlösungsbedürftigkeit und Angewiesenheit nicht niederdrückt, sondern mich öffnet für das heilvolle Handeln Gottes. Oft will der Mensch aber durch die Anhäufung von Gütern genau diesem Mangelzustand und der Leere seines Lebens abhelfen. Er begibt sich dadurch jedoch auch der Möglichkeit der Weiterentwicklung der eigenen Persönlichkeit, weil diese angehäuften Güter äußerlich bleiben und nicht mehr sind als eine kosmetische Übertünchung eines Mangels, der bleibt.

„Nackt kam ich hervor aus dem Schoß der Mutter, nackt kehre ich dahin zurück" (Ijob 1,21) – das Buch Ijob bringt eine Binsenweisheit auf den Punkt: Ohne allem komme ich auf die Welt und nackt, mit leeren Händen, verlasse ich diese Welt wieder. „Das Totenhemd hat keine Taschen", sagt der Volksmund. Der Clou im Buch Ijob kommt meines Erachtens im Nachsatz: „Gelobt sei der Name des Herrn" (ebd.). Dieses Lob Gottes kann nur jemand leben, der sich verdankt weiß und der die Lebensspanne zwischen den beiden „Nacktheiten" aus Gottes Händen empfängt und in dieser Gesinnung sein Leben gestaltet. Von Martin Luther ist ein Wort von seinem Todestag überliefert: „Wir sind Bettler, das ist wahr." Eine gelungene Praxis der Armut hat ihr Fundament in diesem rechten Umgang mit der Wesensarmut. Gleichzeitig wird das Bewusstsein, dass alles, was ich habe, verdankt ist, zu einer angemessenen Praxis der Armut im Sinne des Teilens führen.

Dabei ist das Teilen der materiellen Güter das eine. Das andere ist das bereitwillige Teilen der geistigen und geistlichen Erfahrungen und Gaben – in dem Bewusstsein, dass sie mir zum Wohl des Ganzen geschenkt sind und nicht mir alleine gehören. Basilius der Große erwähnt dazu den Aspekt, dass ich mich so auch an den Gaben der anderen freuen kann – etwas, das oft nicht leicht zu leben ist, weil das Vergleichen und die Unzufriedenheit über das Eigene, das abgewertet wird, dominiert (vgl. VC 42). Diese Form des Teilens aber ist Grundlage einer Gesellschaft und einer Gemeinschaft, die von einem ausgewogenen Geben und Nehmen lebt. Noch einmal die Konstitutionen meiner Ordensgemeinschaft: „Evangelische Armut verstehen wir nicht nur im materiellen Sinn. Sie schließt auch ein, geistigen Besitz auszutauschen, unsere Zeit mit anderen zu teilen und, wenn nötig, die eigenen Interessen zurückzustellen" (S 32 zu K 41).

Armut und Verkündigung der Erlösung

Für den heiligen Alfons gehörte die Armut zur Verkündigung der Erlösung – so wie er sie im erlösenden Tun Jesu Christi zentral sah. Erlösung geschieht „von unten", aus einem armen Menschenleben heraus, nicht durch einen göttlichen Eingriff „von oben". Erlösung geschieht durch den schmachvollen Tod am Kreuz, nicht durch machtvolle Vermeidung der Armut des Kreuzes „von oben".

„Er, der reich war, wurde unseretwegen arm, um uns durch seine Armut reich zu machen" (2 Kor 8,9). Das ist die grundlegende Dynamik der Erlösung, die nicht nur für Jesus Christus, sondern auch für seine Nachfolger und Nachfolgerinnen gilt. Alfons und mit ihm viele Ordensgründer wollten deshalb, dass Predigt und Einsatz für die Menschen aus genau dieser Gesinnung heraus geschehen und sie auch äußerlich sichtbar wird: in einer armen Lebensweise, in einer einfachen ungekünstelten Redeweise, in einem aufmerksamen und respektvollen Umgang mit den Armen. Das konnte bis zu symbolischen Handlungen gehen – zum Beispiel, dass die Prediger bei der Mission nicht auf einem Podest stehen sollten, sondern auf dem gleichen Niveau wie alle anderen. Alfons und die ersten Redemptoristen machten die Türen ihrer Häuser auf. Es wird berichtet, dass Brüder sogar aus ihren Zimmern ausgezogen sind, um Gästen Platz zu machen. Indirekt ist damit gesagt, dass sie nicht viel Persönliches dort hatten, sonst wäre das nicht so einfach gegangen! Außerdem waren augenscheinlich keine Reichtümer zu schützen und den Augen Fremder zu entziehen. Normalerweise sind nur Häuser von Reichen gut geschützt.

Alfons hatte auch ein feines Gespür dafür, dass man nicht über Erlösung und den liebenden Gott reden kann, ohne konkreter Not abzuhelfen. Als er Bischof von Sant'Agata dei Goti wurde, öffnete er sein Bischofshaus für die Armen seiner Diözese. Seine Mitarbeiter waren verzweifelt, weil er während einer Hungersnot alles verkaufte, das bischöfliche Tafelsilber etwa, später auch seine Kutsche, um seinen Diözesanen helfen zu können. Er hätte gerne auch den (ohnehin nicht üppigen) Domschatz verkauft, das aber verweigerte ihm das Domkapitel. Wohnen, Kleidung und Essen gestaltete er so einfach wie möglich. Viele fanden das schon unmöglich für einen Bischof. Er hatte Verständnis, wenn manche aufgrund der Hungersnot wütend reagierten, denn „nicht ihr Herz ist es, das schreit und beleidigt, sondern ihr Hunger" (zit. bei Rey-Mermet, 537). Offensichtlich sah Alfons bei den Ordensgemeinschaften seiner Diözese den Eifer des Teilens nicht genügend ausgebildet. Er rief alle Oberen zusammen und bat sie, die Mahlzeiten in ihren Klöstern zugunsten der hungernden Bevölkerung zu reduzieren (was er selbst am bischöflichen Tisch schon getan hatte). Einem Ordensoberen, der sich dem mit dem Hinweis widersetzen wollte, er müsse seine Ordensmitglieder ernähren und sei nur verpflichtet, vom Überfluss zu geben, las Alfons heftig die Leviten und erinnerte ihn an das Gelübde der Armut (ebd.). Dem Heiligen war klar: Einen liebenden und befreienden Gott kann man nicht verkündigen, wenn man Menschen Not leiden lässt und die eigene Hand nicht öffnet. So lernte er, der Adelige aus begütertem Haus, die Welt mit den Augen der Armen zu sehen und zu begreifen. „Von unten" eben. Von der ängstlichen Sorge um das eigene Leben war Alfons befreit, er machte Augen und Ohren weit auf für die Nöte der anderen. Manches Ärgernis nahm er in Kauf – nur den Armen wollte er möglichst kein Ärgernis geben. Das mag auch für die Kirche und für Ordensgemeinschaften in ihr heute ein Kriterium sein: Wo geben wir den Armen Ärgernis und verhindern so, dass die Botschaft vom Erlöser bei ihnen ankommen kann? Im Beschluss „Unsere Hoffnung" der so genannten „Würzburger Synode" (1971–1975) heißt es dazu eindringlich: „Eine kirchliche Gemeinschaft in der Nachfolge Jesu hat es hinzunehmen, wenn sie von den ‚Klugen und Mächtigen' (1 Kor 1, 19–31) verachtet wird. Aber sie kann es sich – um dieser Nachfolge willen – nicht leisten, von den ‚Armen und Kleinen' verachtet zu werden, von denen, die ‚keinen Menschen haben' (Joh 5,7)" (Unsere Hoffnung, III.2).

Es geht aber nicht nur um die materiellen Güter, es geht auch um die Haltung, mit der wir denen begegnen, für die wir da sind. Ist es paternalistische oder maternalistische Hilfe „von oben herab", aus einer Haltung des Besserwissens? Oder wissen wir uns als Schenkende, die nur deshalb schenken können, weil sie empfangen haben, und die Empfangende bleiben, auch denen gegenüber, denen sie Hilfe leisten? Die Armen sollen echte Partner sein, keine bloßen „Sozialobjekte". Können wir wie Alfons die Welt mit ihren Augen sehen? Sind wir bereit, von ihnen zu lernen, ja uns von ihnen evangelisieren zu lassen? Wie gehen wir um, wenn jemand sich nicht auf unsere Hilfsangebote einlässt? Werden wir dann verbittert oder können wir die Menschen respektvoll den eigenen Weg gehen lassen, auch wenn er uns enttäuscht?

In der Nachfolge des Erlösers kann Erlösung nur „von unten" verkündet werden – das gilt für die Predigt genauso wie für den sozialen Einsatz. Ein Leitsatz dazu könnte sein: „Ein Bettler sagt dem anderen, wo es Brot gibt" (Friedrich von Bodelschwingh).

Diese Begegnung „auf Augenhöhe" gilt heute besonders für interkulturelle Begegnungssituationen. Eine Haltung des kulturellen Hochmuts – meine Kultur ist die bessere und letztlich höherwertige – verträgt sich nicht mit dem Gedanken der Armut. Die Konstitutionen der Redemptoristen formulieren deswegen im Abschnitt über die Armut: Die Redemptoristen sollen „sich bemühen, die bei anderen Völkern geltenden Werte aufrichtig zu schätzen, auch wenn diese ihnen und ihrer Kultur vielleicht fremd erscheinen. Daraus erwächst jener fruchtbare Dialog, der die Reichtümer, die Gott den Völkern gegeben hat, richtig erkennen lässt" (Konst. 66). Jedes (geglückte) Miteinander von Kulturen trägt die Spuren der *kenosis*, des Herabsteigens vom „hohen Ross" der je eigenen Kultur mit sich. Außerdem gilt es, die Aufmerksamkeit zu schärfen, wo aufgrund der Dominanz einer Kultur andere an den Rand gedrängt und niedergedrückt werden. Ordensgemeinschaften wie die der Redemptoristen machen sich auf den Weg hinein in andere kulturelle Kontexte. Die Erfahrung, Sprache und Kultur nicht zu kennen, immer wieder in Situationen der Verunsicherung hineinzuschlittern, nicht zu wissen, wie etwas geht, wie man z. B. mit Ämtern umgeht, kann eine Erfahrung von Armut werden, die vielen Menschen auf der Flucht und in der Migration vertraut ist. Es kann ein tief greifendes Erleben von Armut sein, sich aufgrund fehlender Sprachkenntnisse nicht ausdrücken zu können, letztlich das nicht sagen zu können, was wirklich im Herzen ist. Vielleicht deshalb sogar als „dumm" dazustehen und auch so behandelt zu werden.

Um immer wieder aufbrechen zu können, ist „leichtes Gepäck" von Nutzen. Ich erinnere mich an ein Erlebnis in Bolivien, das mich nachhaltig beeindruckt hat: Bei einem Besuch in einer Familie vereinbarte der Pater spontan, dass ein Junge in seinem Internat eine Ausbildung erhalten könnte. Wenig später stand der Junge da – mit einer Plastiktüte in der Hand, reisefertig. Es hat mich beschämt. Wie viele Tage brauche ich, um mein Zimmer zu räumen? Bin ich zum Aufbruch bereit und flexibel genug dafür? In den Konstitutionen der Redemptoristen heißt es dazu: „Auch die Bedingungen eines Lebens, das sie vielleicht von einem Ort zum andern ruft, sollen sie gern auf sich nehmen" (Konst. 67).

Ein solidarisches Leben mit den Armen, das Voraussetzung für die Verkündigung eines den Menschen zugewandten Gottes ist, wird sich auch den Mühen der Arbeit aussetzen. Arme müssen sehen, wie sie ihren Lebensunterhalt verdienen, sie müssen Arbeiten tun, die andere nicht tun wollen, um einigermaßen über die Runden zu kommen. Früher waren z. B. viele Ordensfrauen in den eigenen Institutionen tätig (und haben dort hart gearbeitet!). Mittlerweile ist etwas Neues aufgebrochen: die Arbeit in den Institutionen anderer, unter den gleichen Bedingungen wie die Kollegen und Kolleginnen. Diese Situation stellt viele vor die Herausforderung, das Gemeinschafts- und Gebetsleben neu zu gestalten. Ordensleute müssen sich heute oft genauso bewerben wie andere, mit der ganzen Unsicherheit, die diese Arbeitssuche mit sich bringt – und das ist gut so, denn das bringt sie der Lebenswirklichkeit vieler Menschen näher, auch wenn es immer noch stimmt, dass sie durch den Rückhalt der Gemeinschaft weitaus besser abgesichert sind als Menschen außerhalb des Ordens. Um den Armen – oder auch nur denen, die schauen müssen, wie sie in unserer Gesellschaft durchkommen – kein Ärgernis zu geben, wird es noch mehr aufmerksame Unterscheidung brauchen, was wir Ordensleute uns „leisten" – vielleicht sogar um anderer Werte willen in gemeinsamer Anstrengung leisten müssen – und wo wir aufgerufen sind, in Solidarität zu verzichten. „Christus ging nicht im Prophetengewand durch die Welt, sondern im Arbeitergewand" –, so schreibt der Gründer meines Ordens, P. Johannes Mayer, einmal in einem Brief. Diese Solidarität gehört zutiefst zu einem Leben, das sich auf den evangelischen Rat der Armut verpflichtet. Als Christ, als Christin kann ich damit jede Arbeit zu einem Ort werden lassen, an dem ich Jesus nahe sein und Nachfolge leben kann.

Befreit zum Teilen der Güter

Freiwillige Armut im Sinn des Evangeliums ist nicht in erster Linie asketische Übung. Sie lässt vielmehr eintreten in eine Dynamik des Reiches Gottes. Die Bibel schildert dieses Reich Gottes oder, wie das Matthäusevangelium sagt, das „Himmelreich" als Ort bzw. Zustand des Teilens und der Gemeinschaft. Genau dazu lädt der evangelische Rat der Armut ein. In der Lebensform der Orden wird das besonders greifbar durch die Gütergemeinschaft, die Einkommen, Geld, Gegenstände und „geistliche Güter" umfasst. Die Geschichte des „real existierenden Sozialismus" hat gezeigt, dass es leicht passieren kann, dass schlampig mit den Dingen umgegangen wird, die irgendwie allen gehören. Ähnliche Erfahrungen kann man im öffentlichen Raum machen. Wusste bereits der heilige Benedikt um diese Gefahr, auch im Orden? Immerhin sieht er einen strengen Tadel vor, „wenn einer die Sachen des Klosters verschmutzen lässt oder nachlässig behandelt" (Regula Benedicti 32,4). Und dem Cellerar sagt er sogar: „Alle Geräte und den ganzen Besitz des Klosters betrachte er als heiliges Altargerät. Nichts darf er vernachlässigen" (Regula Benedicti 31,10f). Deshalb braucht das Leben in jedweder Gütergemeinschaft eine hohe Aufmerksamkeit und ein gutes Stück Mitverantwortung.

Es wäre jedoch fatal, wenn eine Gemeinschaft beim Teilen untereinander stecken bliebe. Der Rat der Armut treibt weiter – in das Teilen mit anderen Menschen hinein: Teilen von Geld, Räumen und Zeit. Jetzt hier und heute und mit den Generationen nach uns. Ein Lebensstil, der Ressourcen für die Nachkommen schont, gehört unabdingbar dazu, wenn jemand sich auf den Weg eines Lebens aus der Haltung der Armut macht (und z. B. als Ordenschrist sich öffentlich im Gelübde dazu verpflichtet!).

In allen Bereichen gibt es aber die Angst, selbst dabei zu kurz zu kommen. Die evangelische Armut stellt vor die Herausforderung, von der ängstlichen Sorge zum Vertrauen hin zu wachsen. Ein alter Kommentar von Theodor Zahn interpretiert das griechische Wort für „sorgen", das in der berühmten Stelle Mt 6,25 steht, in folgender Weise: „die das Gemüt gleichsam spaltende hin- und herzerrende Erwägung der Möglichkeiten, insbesondere der schlimmen Möglichkeiten" (vgl. Rienecker, Sprachlicher Schlüssel, 15). Wenn es in der Bergpredigt also heißt: „Sorgt euch nicht", dann meint das nicht, die Hände in den Schoß zu legen. Sehr wohl aber meint es, sich das Leben nicht kaputt machen zu lassen durch die Sorgen, und vor allem: „alle Kräfte ohne kleinmütiges Sorgen, vielmehr mit vollem Vertrauen zu Gott, dem Vater, für das Reich Gottes einzusetzen" (Schnackenburg, 70). Die Frage ist also, wofür ich meine Kräfte einsetze. Das Evangelium ist klar: Sie sollen in die Richtung gehen, die erlösenden und heilvollen Strukturen der Welt, die Gott für den Menschen ersehnt („Reich Gottes"), schon jetzt zeichenhaft aufzubauen. Dieses Reich Gottes ist eine Welt, in der Gerechtigkeit herrscht (vgl. Mt 6,33).

Dieser Aspekt der Armut ist heute nicht nur für viele Menschen aktuell, sondern auch für die Ordensleute. Viele Orden stehen heute vor abnehmenden Ressourcen und bangen um ihr Überleben – nicht nur personell, auch finanziell gibt es große Herausforderungen. Da kann die Versuchung groß sein, sich einer „ängstlichen" Sorge hinzugeben und in sie viele Kräfte zu investieren, die für die Sendung gut gebraucht würden. Man hält dann vielleicht als Gemeinschaft angstvoll an Besitz fest und öffnet sich nicht für neue Wege. Dabei ist das Gelöbnis der evangelischen Räte gerade das Versprechen, alle Kräfte für den Aufbau des Reiches Gottes einzusetzen! Wie befreiend kann es dagegen sein, zu sorgen und sich gleichzeitig der Vorsehung – dass Gott (auch) sorgt – zu überlassen! Aus dieser Haltung heraus ist auch ein – freilich verantwortungsvolles – Teilen der Güter möglich. Wir müssen heute jedenfalls nach der Zeit des Aufbaus wieder neu lernen, mit Unsicherheiten und vielen Unwägbarkeiten zu leben. Das gilt für die katholische Kirche in Europa genauso wie für die Orden.

Und dennoch: Fülle

Aus unseren Diskussionen in der Gemeinschaft weiß ich, dass Armut oft mit Sparsamkeit verwechselt wird. Sparsamkeit ist wohl ein wichtiger Aspekt von Armut, aber nicht und noch nicht Armut. Und schon gar nicht ist Knausrigkeit mit Armut gleichzusetzen. Auch das Vergleichen und gegenseitiger moralischer Druck führen nicht weiter. Ein Leben im Geist der evangelischen Armut will zu einem freien Leben führen, das zufrieden ist mit dem, was es gibt, ohne zu vergleichen (was besonders dann gar nicht so einfach ist, wenn es fast alles gibt, nur nicht das, was ich im Augenblick will). Freude und Zufriedenheit in der Armut sind Zeichen ihrer Echtheit, sagte die Benediktinerin Aquinata Böckmann. Und noch mehr: Berühmt ist das Wort von Teresa von Avila: „Wenn Rebhuhn, dann Rebhuhn." Ein Kriterium, ob in mir der Geist der evangelischen Armut lebt, ist deshalb, ob ich mich der Fülle, die mir im Augenblick geschenkt wird, verweigere oder ob ich mich an Dingen und Erlebnissen, an Geschenken und Möglichkeiten ehrlich freuen kann.

In *diesem* Sinn: „Please – enjoy poverty!"

GEHORSAM: BEFREIT ZUM HÖREN UND ZUM MITEINANDER HANDELN

Gehorsam hat keinen guten Ruf mehr. Wenn es bei der redemptoristischen Spiritualität zudem um Freiheit gehen soll, stellt sich für viele Zeitgenossen die Frage, welchen Ort darin ausgerechnet so etwas wie „Gehorsam“ haben kann. Sind nicht Freiheit und Gehorsam unvereinbare Pole? Gilt nicht der als unfrei, der gehorcht? Stand früher in der Wertehierarchie unserer Gesellschaft, die sich zum Beispiel in Erziehungszielen ausdrückt, der Gehorsam ganz oben, so hat er die Spitzenposition an die Erziehung zum selbstbestimmten Denken und Handeln abgegeben. Konkrete geschichtliche Erfahrungen – im 20. Jahrhundert die Diktaturen von Nationalsozialismus und Kommunismus, in jüngster Vergangenheit die Skandale von sexuellem Missbrauch Minderjähriger innerhalb und außerhalb der Kirche – haben dem Gehorsam gegenüber skeptisch gemacht. Zu Recht, wenn er als Willfährigkeit, Anpassung und Verzicht auf eigenen Willen verstanden wird. Deshalb sollen z. B. Kinder heute so erzogen werden, dass sie nicht einfach allen Erwachsenen gehorchen, sondern auch Nein sagen lernen. Dass Frauen ihren Männern gehorchen müssen, gehört bereits für meine Generation zu den Geschichten der Vergangenheit. Institutionen werden generell kritisch betrachtet, weil sie unter Verdacht stehen, das Individuum einzuengen und die Gemeinschaft auf Kosten des Individuums zu bevorzugen. Kein Wunder, dass so etwas wie ein Gelöbnis des Gehorsams in einem solchen Kontext nicht zeitgemäß erscheint und Kopfschütteln sowie Widerspruch hervorruft. Erst vor kurzer Zeit hat mir eine Ordensschwester erzählt, dass jemand ihr gewünscht hat, sie könne endlich aus dem System der Ausbeutung im Orden aussteigen. Begründet hat er das unter anderem damit, dass die evangelischen Räte, mit ihnen der Gehorsam, gar nicht im Evangelium stehen. Er hat Recht: Da das Neue Testament kein Ordensleben im heutigen Sinn kennt, kennt es auch die Trias der evangelischen Räte nicht und auch nicht den Gehorsam gegenüber einem Oberen, wie der Ordensgehorsam meist verkürzt verstanden wird. Und er hat Unrecht: Die Bibel ist voll von Geschichten des Gehorsams und des Ungehorsams. Freilich geht es dabei in erster Linie um den Gehorsams Gott gegenüber. Das ist auch der bleibende Kontext, das ist das biblische Kriterium für die Sinnhaftigkeit des Gehorsams Menschen gegenüber. Dieser steht stets unter dem Anspruch, den Wegen Gottes mit den Menschen zu dienen. Wo genau das nicht geschieht, wo sich Gehorsam verselbständigt oder – als eingeforderter – zum reinen Machtinstrument wird, schlägt die Bibel um: Dann ist nicht Gehorsam gefordert, sondern (prophetischer) Widerstand. In diesem Horizont dient Gehorsam nicht der Unterdrückung des Individuums, sondern will einer Gesellschaft dienen, in der Menschenwürde und Freiheit aller gewahrt wird. Gehorsam beschränkt sich beileibe nicht auf das Erfüllen von Anweisungen anderer. Wer aus dem Geist des Gehorsams lebt, wird ein *Hörender*: nach innen – auf sich selbst und die eigene Lebensgeschichte – und nach außen – auf andere Menschen, auf die Umwelt, auf Gott. Auch in der Form des Ordensgehorsams, auf den ich später zu sprechen komme, bleibt dies die Grundlage, auf die es letztlich ankommt.

Befreit zum Hören

Aufmerksames und bereites Hinhören ist nicht etwas, das einfach gegeben ist. Man muss sich dazu entschließen und es auf verschiedene Weise einüben. Um auf andere und anderes hören zu können, muss man in gewisser Weise von sich weggehen. Wer nur bei sich selbst bleibt oder sich selbst ins Zentrum stellt, kann nur schwer wirklich auf andere hören. Zu schnell rutscht dann die eigene Interpretation dazwischen, oder man bereitet bereits die eigene Verteidigung bzw. Erklärung vor und kann sich nicht mehr öffnen für das, was von außen auf einen zukommt. Wo im Deutschen von „jemanden ausreden lassen“ die Rede ist, sagt das Englische: *to hear someone out*. Wörtlich (ohne das Idiom zu beachten) könnte man sagen: Jemanden ausreden lassen, heißt, ihm bis zum Ende (aufmerksam) zuzuhören, ihn „aus zu hören“. Im Deutschen wiederum gibt es die vielsagende Redewendung „jemandem Gehör schenken“. Das ist mehr als en passant etwas hören und geht über das physische Hören hinaus. Mit dem Gehör schenke ich meine Aufmerksamkeit, meine Zeit, mich selbst. Ich verschaffe dem anderen Raum in mir, in meinem Gehör und in meinem Herzen.

Deshalb hat Gehorsam für mich viel damit zu tun, wie ich Beziehungen gestalte – ob ich offen bin für andere, ihr Denken und ihre Meinung oder ob ich stets nur bei mir (und damit letztlich alleine) bleibe. Wo ich aus dem Geist des Gehorsams lebe, öffne ich mich für andere und ihre Welt. Ich lasse mich bereichern, ergänzen, in Frage stellen, herausfordern – und dadurch verändern. Wer sich auf einen Weg des Gehorsams einlässt, lässt sich damit gleichzeitig auf einen Prozess der Verwandlung ein. Neben der Grundoption, hören *zu wollen*, verlangt dies auch, Zeiten für Begegnung vorzusehen. Es braucht Zeiten für Stille, in denen wir uns von der Geräuschkulisse, die uns normalerweise umgibt, zurückziehen. In solchen Zeiten können dann auch die „inneren“ Stimmen vernehmbar werden, hat das Hören in mich selbst hinein, in das, was in mir als Sehnsuchtsruf da ist, Platz und Ort. Es tut gut, das Hören neu einzuüben: Radio und MP3-Player abschalten, still werden, auf das hören, was ich sonst leicht überhöre, einmal eine Zeitlang „ganz Ohr“ sein.

Interessant finde ich, dass der hebräische Text des Alten Testaments kein eigenes Wort für „gehorchen“ kennt. Doch vom „Hören“ ist viel und oft die Rede. Dabei schwingt in dem

Hören immer noch ein zweites, dem entsprechendes Element mit, ausgesprochen oder unausgesprochen: Es geht immer um „hören“ *und* nach dem Gehörten handeln bzw. Antwort darauf geben. Das gilt für Gott, der auf die laute Klage der Israeliten hört (Ex 3,7) und die Befreiung in Gang setzt, das gilt für das Volk, das auf Gott hören, d. h. seine ganz konkrete Praxis nach Gottes Geboten ausrichten soll, damit das Leben gelingt.

Der Hebräerbrief legt Christus „beim Eintritt in die Welt“ (Hebr 10,5) Verse aus dem Psalm 40 in den Mund: „Ja, ich komme …, um deinen Willen, Gott, zu tun.“ Im hebräischen Text dieses Psalms (der Verfasser des Hebräerbriefes zitiert den Text der griechischen Übersetzung der Septuaginta) heißt es kurz vorher: „Ohren hast du mir gegraben“ (Ps 40,7c Elberfelder Bibel) oder „Das Gehör hast du mir eingepflanzt“ (Einheitsübersetzung). Mit solch offenen Ohren ist Jesus in der Welt unterwegs: Er hört in erster Linie auf Gott, als dessen Gesandter er sich versteht. Er hört auf Menschen und ihre Bitten: Er geht mit dem Synagogenvorsteher Jaïrus mit, als der ihn um Heilung seiner Tochter anfleht (Mk 5,21–43par). Er hört auf das Rufen des blinden Bettlers Bartimäus, den andere zum Verstummen bringen wollen (Mk 10,46–52). Ja, er „hört“ sogar die Gedanken seiner Gegner und reagiert auf sie (vgl. Mk 2,1–12par; Lk 7,36–50). Jesus ist einer, der sieht und hört, wo sich Gottes Wille regt, auch jenseits von Grenzen, die Menschen setzen. So lässt er sich von der Argumentation der kananäischen bzw. syrophönizischen Frau überzeugen und heilt deren Tochter, obwohl er sich nur zu den „Schafen des Hauses Israel“ gesandt weiß (vgl. Mk 7,24–30 bzw. Mt 15,21–28). Der Hebräerbrief lässt im Zitat des Psalms 40 eine tiefe Wahrheit aufleuchten: Der Gehorsam Jesu ist nicht nur „etwas“, sondern macht sein Wesen aus. Gleichwohl musste er ihn immer wieder neu „lernen“, zuletzt in der Schule des Leidens (vgl. Hebr 5,8).

Solch ein befreites und befreiendes Hören ist dem möglich, der sich im Letzten gehalten weiß. Wie eine Zirkelspitze, die im Zentrum fest verankert ist, einen weiten Kreis schlagen kann, so kann sich auch der weit öffnen, der sich tief verankert weiß. Jesus Christus bekennen Christen als Sohn Gottes: In diesem Geheimnis Gottes ist er verwurzelt, auch in der Zeit seines irdischen Lebens. Alle Getauften bekommen in der Taufe die Zusage, dass sie geliebter Sohn, dass sie geliebte Tochter Gottes sind. Damit wird sakramental etwas zugesagt, was gemäß dem christlichen Glauben für jeden Menschen als Geschöpf Gottes gilt. Von diesem Gedanken her wird noch ein Weiteres deutlich: Auf den Mitmenschen zu hören, ihn oder sie darin ernst zu nehmen, ist auch deswegen unerlässlich, weil jeder Mensch Geschöpf Gottes ist, weil in jeden Gott den Lebensatem gelegt hat (vgl. Gen 2,7).

Wenn schon Jesus Gehorsam „lernen" musste, dann braucht es nicht zu verwundern, dass auch wir darin stets Lernende bleiben werden, nicht nur Gott gegenüber, sondern auch auf der Ebene des menschlichen Miteinanders. Die Nachfolge des gehorsamen Jesus will dazu befreien, hörende Menschen zu werden. Im Blick auf die Ordensleute – aber ich denke, das gilt für alle Getauften und Gefirmten – sagte Peter Nissen: „Von Ordensleuten wird gefordert, dass sie gute Zuhörer sind, Menschen, die gehorsam sein wollen, um zu vernehmen, was da lebt an Hoffnung und Angst, an Freude und Leid in den Herzen der Menschen – um dann Geschichtenerzähler zu werden: Botschafter der Erzählungen von der Erlösung" (St. Clemens Info 2007).

Hören, das handeln lässt

Aber es darf nicht beim Geschichtenerzählen stehen bleiben. Der Gehorsam trägt ein aktives, ins Handeln gehendes Element in sich. Wie und ob jemand gehorsam ist, zeigt sich an seinem bzw. ihrem Handeln. Das mündliche Versprechen des Gehorsams allein sagt noch nichts. Das ist ähnlich wie im Gleichnis der ungleichen Söhne: Der erste gibt sich nach außen hin gehorsam, unterläuft seine Zustimmung aber dann dadurch, dass er sich nicht auf den Weg in den Weinberg macht. Der zweite winkt zuerst ab („Ich will nicht"), besinnt sich dann aber und geht doch an die Arbeit (vgl. Mt 21,28–32). Diesen zweiten Sohn, der sich zuerst so störrisch gezeigt hat, hebt Jesus hervor. Was letztlich zählt, ist also das Tun.

Gleichzeitig beginnt befreiendes Handeln durch aufmerksames Hinhören. Viele Befreiungsgeschichten des Alten Testaments kommen in Gang, weil Gott einer ist, der hört. Auf Hagar, die Magd Saras und Abrahams, hört niemand, sie wird einfach von allen benutzt. Gott ist es, der auf sie hört und ihr Hilfe und Trost zukommen lässt (vgl. Gen 16,1–16 sowie 21,9–21). Ihren Sohn wird Hagar deshalb „Ismael" – „Gott hört" nennen. Die große Erzählung des Exodus aus Ägypten fängt damit an, dass Gott die Not sieht und auf die Klagen des Volkes hört und sich dadurch – menschlich gesprochen – zum Handeln gedrängt weiß (Ex 3,7). Das Hinhören auf Not und Bedürfnis des anderen gibt auch die Richtung für das Handeln an. Es fällt auf, dass Jesus an einigen Stellen im Evangelium Menschen fragt: „Was soll ich dir tun?" (z. B. Mk 10,51; Mt 20,32; Lk 18,41) und erst dann heilt. Er stülpt dem Menschen nichts über, nicht einmal die Heilung, deren Notwendigkeit evident sein mag, wie bei den Blinden, um die es hier im Evangelium geht. Bevor wir helfen, ist es unerlässlich, gut hinzuhören, was wirklich gebraucht wird, und nicht einfach blindlings etwas zu organisieren.

Auf das stumme Rufen der Armen zu hören, ihnen Stimme zu verleihen und sich tatkräftig für sie einzusetzen, das gehört zum innersten Wesen des Gehorsams. Diese Rufe der Armen durchbrechen oft den eigenen Weg. Wer innehält und mit offenem Herzen zuhört, kann nicht einfach weitergehen, als sei nichts geschehen. Beeindruckt hat mich der Bericht über einen Steyler Missionar, der Philosophieprofessor ist. Mehr durch Zufall kam er mit den „Müllmenschen“ auf den Philippinen in Kontakt, lebte eine Zeitlang mit ihnen und realisierte schließlich zusammen mit ihnen menschenwürdigere Behausungen und andere Verbesserungen ihrer Lebenssituation. Im Interview sagte er sinngemäß, dass es wichtig sei, „innezuhalten und sich unterbrechen zu lassen durch die Not, die mir entgegenschallt. Um dann zu fragen, was meine Aufgabe ist, und sprichwörtlich die Ärmel aufzukrempeln“.

Gehorsam und Phantasie

Im Jahr 1968 hat die evangelische Theologin Dorothee Sölle ein kleines Buch mit dem Titel „Phantasie und Gehorsam“ veröffentlicht. Viele ihrer Gedanken sind bis heute anregend und herausfordernd, auch wenn sie vom „Flair“ der 68er-Jahre geprägt sind. Einem Verständnis des Gehorsams, der einfach etwas Vorgegebenes „erfüllt“ und in dem die konkrete Sachlage keine große Rolle spielt, stellt sie das phantasievolle Eingehen auf die *Situation* gegenüber. Dabei sieht sie Phantasie nicht darin, der Realität träumend zu entfliehen, sondern als „eine Form der Freiheit, die ein Mensch in seinem Leben gewinnen kann“ (Sölle, 57). In Jesus sieht Dorothee Sölle diese befreiende Kraft der Phantasie am Werk: wie er eingeht auf das, was ihm begegnet, wie er spontan und frei reagiert. Jesus will auch uns dazu anstiften:

> *„Tatsächlich verlangt Jesus ein äußerst waches Bewusstsein und eine äußerste Wahrnehmungsfähigkeit für andere Menschen, ein neues Sehen des anderen, das seine Ängste und Hoffnung erkennt, auch wo sie sich nur undeutlich oder missverständlich aussprechen, ja auch da, wo sie sich eher verstecken und verschweigen. Gehorsam*

in dem Sinne, dass da eine bestehende Ordnung erhalten werden soll, genügte Jesus nicht. Er erwartete, dass wir die Welt verändern – und eben dazu befreite er unsere Phantasie.“

Dorothee Sölle, Phantasie und Gehorsam, 57

Zu „hören“ ist dann eben nicht nur auf mein eigenes Wollen und das Wollen eines anderen – Gott, ein Oberer, Vorgesetzter –, sondern auch auf die Situation, auf die Not und das Bedürfnis des anderen. Darauf dann „gehorsam“ Antwort zu geben, fordert Phantasie, fordert den Einsatz des ganzen Menschen samt seiner Kreativität. Gehorsam ohne diese Phantasie und ohne Einfallsreichtum bleibt kalt und unbeweglich. Ich finde diesen „phantasievollen“ Gehorsam beim heiligen Klemens Maria Hofbauer wieder, der die Kongregation der Redemptoristen nördlich der Alpen einpflanzte. Die Generalleitung seiner Zeit, die weit weg in Rom saß, hatte wenig Ahnung von den Verhältnissen in den deutschsprachigen Landen. Sie beharrte auf Vorschriften, die für (Süd-)Italien sinnvoll waren, aber eben nicht für Deutschland. Klemens aber wusste um die Situation vor Ort und konnte deswegen manches, was ihm seine Generalleitung vorschrieb, nicht erfüllen. In Süditalien kämpfte man z. B. mit der Emotionalität und Spontaneität der Kirchenbesucher, und so sollte eine Messe mit Gesang und Orchester tunlichst vermieden werden, weil Gottesdienstteilnehmer manchmal aufstanden und aus ganzem Herzen die Melodie mitschmetterten oder sogar mitdirigierten. Aus dieser Erfahrung heraus erwuchs die Vorschrift, dass die Redemptoristen „so etwas“ nicht tun. Klemens aber wusste, dass es für die Religiosität der nüchternen „Nordländer“ gut war, sich auch durch die Musik berühren zu lassen. Die Orchestermessen blieben. Er sah es für die redemptoristische Mission im damaligen Polen als wichtig an, Schulen zu führen, auch wenn es ihm die Leitung mit Verweis auf die Regel verbot. Ein nettes Detail am Rande: Aus Rom ließ man Klemens wissen, dass es zum Leben der Redemptoristen gehört, eine lange „Siesta" bis gegen 17 Uhr zu halten. Im heißen Süditalien durchaus sinnvoll. Klemens und die Mitbrüder in den Ländern nördlich der Alpen hätten sich damit aber nicht nur der Lächerlichkeit ausgesetzt, sondern auch ihr Zeugnis beschädigt und Ärgernis gegeben. Die Siesta wurde nicht eingeführt, was mancher bedauern mag … Klemens war also äußerlich seiner Ordensleitung gegenüber in diesen Punkten ungehorsam, auf einer tieferen Ebene jedoch äußerst gehorsam – der Realität gegenüber, in der er sich befand, und im Blick auf die Glaubwürdigkeit der Erlösermissionare. Das ist Gehorsam mit Phantasie. Die Geschichte hat Klemens Maria Hofbauer Recht gegeben. So führen Redemptoristen bis heute, wenn es notwendig ist und der Erlösung dient, auch Schulen. Solchen phantasievollen Gehorsam wünsche ich mir auch für mich selbst, für die Ordensgemeinschaften und für die Kirche überhaupt.

Gehorsam als Kultivierung menschlicher Macht

Eine Lebenskultur im Sinne des Gehorsams gestaltet den Umgang mit Macht und Einfluss. Dabei ist der Begriff „Macht" für mich keineswegs von vornherein negativ besetzt. Im Gegenteil, es braucht die Triebkraft der Macht, damit Menschen etwas bewegen können. Dazu sind wir schließlich von Gott „ermächtigt". Aber es kommt darauf an, wie Macht ausgeübt und wofür sie eingesetzt wird. Der Gehorsam ist der Verzicht, Macht mit allen Mitteln auszuspielen. Dabei denke ich nicht nur an formell übertragene Macht wie ein Amt oder eine Position innerhalb einer Gruppe. Es gibt auch informelle Macht, durch die jeder und jede Einfluss hat und so gewissermaßen „Macht" ausübt. Dies tut der eine durch geschliffenes Reden, der andere durch beharrliches Schweigen. Die eine hat Gewicht durch ihren Intellekt, die andere durch die Kraft der

Emotionen. Wer weiß, wie etwas geht – durch Knowhow am Computer, an Maschinen, in rechtlichen Dingen und vieles mehr –, hat Macht über diejenigen, die dieses Wissen nicht haben. Die formelle Macht liegt meist auf der Hand. Der informellen Macht muss man sich erst bewusst werden und sie als solche akzeptieren. Der Geist des Gehorsams will all diese Kräfte zum Guten hin bündeln und für das Gemeinwohl fruchtbar machen, damit sie nicht bloß der Erweiterung des eigenen Machtbereichs dienen.

Gehorsam in Gemeinschaft

Ein Spezifikum des Ordensgehorsams ist, dass er in und als Gemeinschaft gelebt wird. Allerdings wird darin nur gewissermaßen überzeichnet etwas deutlich, was für Kirche insgesamt gilt. Beim evangelischen Rat des Gehorsams geht es in erster Linie darum, auf Gott zu hören und seinen Willen zu erfüllen, das heißt, die Lösungen suchen, die am meisten der Liebe entsprechen (Schneiders, 137f). Um sich bei dieser Suche gegenseitig zu helfen und zu befruchten, tun sich Menschen zusammen, machen sich gemeinsam auf einen Weg des Hörens und der Unterscheidung. So kann etwas vom Weg Gottes wahrgenommen werden, das sich einem alleine nicht gezeigt hätte. Im Gelübde des Gehorsams lasse ich mich von der Gemeinschaft herausfordern. Ich will nicht nur für mich privat leben und entscheiden. Das geht nur, wenn ich die Gemeinschaft als ein Gut sehe, für und mit dem es sich zu leben lohnt. Ich muss Gemeinschaft – generell und meine ganz konkrete – als eine Gabe sehen können, die mein Leben auch in seiner Gottsuche stützt und bereichert. Mary Linscott nennt den Gehorsam „das Gelöbnis der Zusammenarbeit". In ihm stellt das Ordensmitglied seine Gaben der Gemeinschaft und ihrer Sendung zur Verfügung. Dieser Aspekt des Gehorsams liegt noch vor der konkreten Ausformung des Gehorsams als Hören auf die Entscheidungen der Gemeinschaft und ihrer Leitung.

Was innerhalb einer Gemeinschaft das Gehorchen einem Oberen gegenüber bedeutet und nicht bedeutet, hat Anselm Grün für mich überzeugend zum Ausdruck gebracht (vgl. Grün/Schwarz, 58f): Es kann durchaus sein, dass im Wort des Oberen der Wille eines anderen mein eigenes Wollen durchkreuzt. Ordensgehorsam heißt, dass ich das zulasse, ja es heißt, dass ich damit rechne, dass Gott (auch) durch die Entscheidungen und Weisungen des Oberen mir etwas sagen will. Ich werde das, was der Vorgesetzte mir sagt, also nicht nur als seine private Meinung abtun. Ich werde mich als Ordenschrist fragen, was Gott mir durch den Oberen sagen möchte. Ich muss mich dem stellen und mich mit dem Oberen und seinem richtungweisenden Wort auseinandersetzen. Ordensgehorsam dispensiert dabei nicht von persönlicher Unterscheidung und persönlichem Hinhören auf Gott (etwa im Gebet, in der Lesung der Heiligen Schrift). Auch Gehorsam Menschen gegenüber bleibt auf den Gehorsam Gott gegenüber ausgerichtet. Die Vermittlungsgestalt des Oberen ist nicht deckungsgleich mit dem Willen Gottes. Deshalb kann es auch sein, dass jemand in seinem Gewissen erkennt, dass er dem Oberen in einem speziellen Fall nicht gehorchen darf. Generell gilt: Kein Mensch darf mit Gott gleichgesetzt werden. Aber es kann sein – und dies gilt es unterscheidend zu erkennen –, dass Gott mich durch einen Menschen wie einen Ordensoberen herausfordern und zu neuen Horizonten und Lebensmöglichkeiten locken möchte, die ich selbst womöglich nie gesehen hätte.

Im Ordensleben geht es nicht um einen infantilen Gehorsam. Ordensgehorsam setzt freie Erwachsene voraus. Entscheidend ist die Motivation des Menschen. Josefine Heyer fragt: „Geht es wirklich um einen Gehorsam ‚aus Glauben und Liebe‘ oder um einen Gehorsam ‚aus Bequemlichkeit,

Verantwortungsscheu, Passivität, Selbstmitleid und Infantilismus‘?“ Und sie fährt fort: „Ein Gehorsam der Schwäche und Angst wälzt die Verantwortung auf andere ab und bewahrt sich so vor vielen Unannehmlichkeiten. Er muss keine Konflikte und Spannungen aushalten, keine Zweifel zulassen, keine Selbstvorwürfe wegen falscher Entscheidungen fürchten“ (Heyer, 3f). Man muss zugeben, dass solch regressiver Gehorsam manchen Entscheidungsträgern auch erwünscht ist, weil er das gemeinsame Leben äußerlich reibungsloser macht. Gehorsam im Sinne des evangelischen Rates ist das aber nicht. Dieser ist für alle, auch für die Oberen, wesentlich anspruchsvoller. Denn es gibt nicht einfach „Befehlende“ und „Hörende“, sondern der Obere muss zuerst selbst ein Hörender sein. Er oder sie hat bei der Weitergabe von Entscheidungen auf Einsicht zu bauen, um Verständnis zu werben, und er hat die Pflicht, selbst Argumente zu liefern, die auch diskutiert werden können (vgl. dazu Rahner *passim*). Es ist gut, wenn eine Atmosphäre herrscht, in der auch Obere korrigiert werden können. Und wenn es möglich ist, dass Obere auch zu Fehlern stehen können und Korrektur annehmen. Nicht alle Initiativen müssen vom Oberen ausgehen. Er (sie) kann und soll Ideen anderer aufgreifen, vernetzen und fördern.

Letztlich stehen also in einer Ordensgemeinschaft alle unter dem gleichen Gehorsam: Gott und seinem Wort gegenüber, als Glieder der Kirche, der gemeinsamen Lebensordnung und Sendung gegenüber, den Brüdern und Schwestern gegenüber. Es gibt deshalb nicht nur den Dialog zwischen Oberen und Ordensmitglied, sondern Formen gemeinsamen Hörens und gemeinsamer Entscheidungsfindung aus dem Glauben. In ihnen kommt zum Ausdruck, dass Gehorsam nicht nur in Gemeinschaft, sondern *als* Gemeinschaft gelebt wird.

Die bloß funktionale Seite des Gehorsams sollte dabei nicht sofort religiös aufgeladen werden. Ich meine damit den Alltagsgehorsam, dass z. B. Vereinbarungen verlässlich eingehalten werden sowie Mitverantwortung wahrgenommen wird, damit das Zusammenleben und die Zusammenarbeit glücken. Um sich hier frei ein-ordnen zu können, braucht es eine gute Portion Selbststand. Diese Alltagsdimension des Gehorsams ist wichtig. Wo es aber beim Ordensgehorsam nur um diese funktionale Seite ginge, zerstört er sich von innen her.

Mit dem Eintritt in einen Orden gebe ich den eigenen Willen nicht wie einen Hut ab und stelle mich willen-los und fügsam zur Verfügung. Vielmehr geht es darum, den eigenen Willen für die gemeinsame Sendung fruchtbar zu machen, aus ihm Kraft zu ziehen und Verantwortung zu übernehmen. Das heißt dann freilich auch, in einen Dialog einzutreten und eben das eigene Wollen nicht absolut zu setzen, sondern es geschmeidig zu erhalten sowie zuzulassen, dass es sich auch verändern kann. Gehorsam dient meiner eigenen Weiterentwicklung. Diese wird durch die „Werdescheu" behindert: Wenn nur das gilt, was (jetzt) zu mir passt, mir gut tut, mir „etwas gibt", dann wird der Raum des Wachsens und Reifens kaum betreten (vgl. Heyer, 3). Gehorsam ist die Einladung, zu wachsen und weiterzugehen, Neues zu entdecken und auszuprobieren.

Gerade darin sehe ich die befreiende Seite des Gehorsams: Er hilft mir aufzubrechen, nicht dort stehen zu bleiben, wo ich mich im Augenblick befinde. Er macht mich weit und frei, mich nicht meinen eigenen Vorlieben sklavisch auszuliefern. Gehorsam hat ein Ziel: dass ich mich öffne wie eine Pore, damit Gott in diese Welt durch mich eindringen kann (Karl-Heinz Menke), dass an meiner Stelle, an der Stelle dieser konkreten Gemeinschaft das liebende Antlitz Gottes durchscheinen kann. Eines Gottes, der eben nicht will, dass wir uns zur Ruhe setzen, sondern dass wir Pilger bleiben. Nicht nur um unsertwillen, sondern damit auch andere an der erlösenden und verwandelnden Liebe Gottes wachsen können.

Für den heiligen Alfons war der Gehorsam ganz entscheidend, in einem Ausmaß und mit Worten, die uns heute fremd erscheinen. So, wenn er zum Beispiel sagt: „Wer also in die Kongregation eintreten will, muss dazu entschieden sein, gänzlich auf seinen eigenen Willen zu verzichten und keinen anderen Willen zu haben als den des heiligen Gehorsams. Gott erlaube es nicht, dass ein Mitglied der Kongregation jemals die Wörter ‚Ich will' oder ‚Ich will nicht' äußert. Vielmehr sollte er immer antworten, selbst dann, wenn er von seinen Oberen gefragt wird, was er wünscht: ‚Ich wünsche das, was der Gehorsam von mir will.'" Oder: „Um in diesem Leben des Gehorsams, der von so großer Bedeutung ist, durchzukommen, ist es notwendig, immer bereit zu sein, das zu tun, wofür wir den größten Widerwillen empfinden, und darauf vorbereitet zu sein, in Frieden all das zu entbehren, was wir am meisten suchen und wünschen" (aus: Der wahre Redemptorist). Das ist ein dem heutigen Empfinden wahrhaft fremdes Gedankengut! Doch das Anliegen von Alfons scheint mir ein zweifaches zu sein, und darin könnten wir uns mit ihm wiederfinden: Es geht ihm um die Freiheit, auch das mit friedvollem Herzen tun zu können, was nicht ganz oben auf der Liste meiner Wünsche steht, aber aus anderen Gründen notwendig ist. Damit werde ich Zeuge, Zeugin für eine Freiheit, die so groß ist, dass sie auch das Ungeliebte liebend umfassen kann und sich nicht ganz den inneren Frieden und die Freude nehmen lässt. Fein beobachtet Alfons in seinem Werk „Jesus lieben lernen": „Zum sinnvollen Gehorsam gehört, dass wir durchweg einen gewissen Abstand von unseren eigenen Meinungen gewinnen. Manche sind so sehr von ihrem Eigenwillen befangen, dass sogar Dinge, die ihrem Geschmack liegen, ihnen sofort zuwider sind, wenn sie ihnen aufgetragen werden" (Alfons, Jesus lieben lernen, 109f).

Zweitens geht es Alfons darum, dass nicht der Einzelne „groß rauskommt", sondern dass Gott „groß rauskommt", und zwar als der große Liebende. Das verlangt, dass ich selbst einen Schritt zurücktrete, Platz mache für die Botschaft und für sie durchsichtig werde. Die Herausforderung besteht darin, dennoch oder gerade deshalb alle intellektuellen, emotionalen und kreativen Kräfte einzusetzen, *damit* das Evangelium vom Gott der Liebe bei anderen ankommen kann. In diesem Spannungsfeld von Zurücktreten und Hineingeben siedelt sich der Gehorsam an. Und nur so bleibt er lebendig und verbiegt den Menschen nicht. Je nach Veranlagung muss ein Mensch vielleicht im Laufe seines Lebens lernen, sich im Geist des Gehorsams zurückzunehmen oder sich mehr zu zeigen und zu investieren.

Sich mit dem beschäftigen, was ist (Michael Plattig)

Es gibt träumende Menschen, die sich gedanklich gerne in der Zukunft aufhalten und ihren Plänen nachhängen, und es gibt Menschen, die an der Vergangenheit hängen bleiben; sei es, dass sie sie als „goldene Zeit" verklären, sei es, dass sie an alten Enttäuschungen haften bleiben und die Vergangenheit gerne „anders" gehabt hätten. Gehorsam heißt auch, dem die Ehre zu geben, was ist, was *jetzt* ist: den konkreten Menschen, mit denen ich jetzt zusammenlebe, der Situation, in der meine Gemeinschaft jetzt steckt, der gegenwärtigen Zeit und Gesellschaft, meinem momentanen Lebensalter. Von Ignatius von Antiochien stammt der berühmte Satz: „Lasst uns die gegenwärtige Gnade lieben." Er spricht ihn nicht in einer gesicherten Phase seines Lebens aus, sondern auf dem Weg zum Martyrium. Die „gegenwärtige Gnade" – das ist letztlich Gott selbst, der sich als „Ich-bin-da" zu erkennen gegeben hat. Wenn ich mich aus der Gegenwart wegwünsche, entgeht mir auch die Begegnung mit diesem Gott, der sich nicht in einer fiktiven Zukunft oder in einer glorifizierten Vergangenheit finden lässt, sondern im Hier und Jetzt, so verworren es auch sein mag. Deshalb heißt Gehorsam auch, mich den täglichen Anforderungen des Lebens zu stellen, so wie sie eben sind, denn „die Situation ändert sich oft nicht durch die Änderung der Umstände, sondern durch eine Veränderung in der Einstellung zur Situation oder durch die Verwandlung der beteiligten Person(en)" (Plattig, 418f). In erster Linie bin damit ich selbst gemeint, wenn ich in diesem Geist des Gehorsams auf den jeweiligen Moment reagiere.

Der Gehorsam bleibt ein schwieriges Feld für Menschen des 21. Jahrhunderts. Er wird nur unter der Bedingung einigermaßen vermittelbar sein, wenn er seine befreiende und befriedende Kraft in einem Menschen entfaltet und wenn deutlich wird, dass er das individuelle Antlitz nicht erdrückt, sondern den Menschen auf mehr Möglichkeiten hin weitet. Gleichzeitig ist es gut, dass heutzutage eine kritische Einstellung dem Gehorsam Menschen gegenüber herrscht. Es kann jedenfalls nicht um ein unkritisches Ja-Sagen gehen, sondern nur um einen echten Dialog, um ein gemeinsames Ringen um Lösungen, die der Liebe Gottes, die sich in Christus Jesus gezeigt hat, entsprechen.

EHELOSIGKEIT? KEUSCHHEIT? JUNGFRÄULICHKEIT?

Der dritte der „klassischen" evangelischen Räte wird in den Gelübdeformeln der Ordensgemeinschaften sehr unterschiedlich benannt. Da ist die Rede von „Ehelosigkeit um des Himmelreiches willen", „gottgeweihter Keuschheit" oder „eheloser Keuschheit". Früher sprach man auch von „vollkommener Keuschheit" oder „Jungfräulichkeit". Jeder dieser Begriffe hat seine Schwierigkeiten: Ehelosigkeit allein ist ein bloß negativer Begriff – man ist etwas „los", man ist etwas „nicht" – nämlich verheiratet. Aber was dann? Keuschheit und Jungfräulichkeit klingen antiquiert und rufen Assoziationen mit Prüderie und „alten Jungfern" hervor. Bei der Jungfräulichkeit bleibt man leicht am Aspekt körperlicher Unberührtheit haften, was heute zumindest in der westlichen Gesellschaft etwas Exotisches geworden ist.

Ein Blick in das Neue Testament ist zudem ernüchternd und erhellend zugleich: Das Wort „ehelos" kommt so nicht vor. Mt 19,12, die einzige Stelle, auf die man sich traditionell bezieht, spricht von „Eunuchen um des Himmelreiches willen". Gemeint waren nach damaligem Verständnis jene, die nicht zur Ehe fähig waren, aus welchen Gründen auch immer. Den Ausdruck „keusch" findet man erst, wenn man die deutsche Einheitsübersetzung zur Seite legt und zu älteren Übersetzungen greift. In der Einheitsübersetzung taucht in diesen Zusammenhängen das Wortfeld von „rein, lauter" bzw. „Zurückhaltung" auf. Fehlanzeige auch für „Jungfräulichkeit" als Substantiv. Es gibt aber sehr wohl „Jungfrauen" (vgl. besonders den Diskurs in 1 Kor 7), und Paulus möchte seine Gemeinde als „reine Jungfrau" zu Christus führen (2 Kor 11,2). In der Offenbarung des Johannes werden die 144.000 als „jungfräulich" bezeichnet (Offb 14,4). Nirgendwo lässt sich eine *direkte Aufforderung* nachweisen, als Zeichen der Nachfolge Christi auf die Ehe zu verzichten. Vieles bleibt *indirekt*: der Hinweis aus Mt 19,12, dass manche „um des Himmelreiches willen" keine Ehe eingehen (können); der Wunsch des Paulus, dass alle so seien wie er, nämlich ehelos und „ungeteilt" beim Herrn (1 Kor 7,7.32–35); die Erkenntnis, die sich aus vielen Puzzleteilen ergibt, dass Jesus selbst wohl unverheiratet war (vgl. dazu Häfner, in: Garhammer, Zölibat, 19–21).

Erstaunlich ist, dass es schon früh in der Kirche Menschen gab, die um Christi willen auf die Ehe verzichteten, die Jungfrauen etwa, die meist in ihrer Familie verblieben, oder die Witwen, später die Wüstenväter und -mütter und die Mönche und Nonnen in den Klöstern. Der Strom in der Kirche ist seither nicht abgerissen. Und auch wenn die Reformation das Gelübde der Ehelosigkeit in Frage gestellt hat, gibt es bis heute eine Reihe von Klostergemeinschaften aus der protestantischen Tradition, die sich zur Ehelosigkeit verpflichten. Aus diesem ganzen Befund schließe ich Folgendes:

→ Formal geht es für einige tatsächlich um den Verzicht auf die Ehe „um des Himmelreiches willen". Sie wollen damit ihre Form der Christusnachfolge in einer sehr buchstäblichen Weise zum Ausdruck bringen und fühlen sich dazu berufen. Ich spreche hier primär von der frei gewählten Ehelosigkeit und nicht so sehr vom so genannten „Pflichtzölibat" der Priester, unter denen es natürlich auch solche gibt, die den Zölibat keineswegs nur als „Pflicht" auffassen, sondern das ehelose Leben als ihre Berufung sehen.

→ „Keuschheit" ist allen ans Herz gelegt und aufgetragen, je nach ihrer Lebenssituation. Sie ist biblisch bei Paulus und in den Pastoralbriefen relativ gut als christliche Tugend bezeugt. Allerdings braucht das Wort heute eine neue Auslegung und Aktualisierung.

→ „Jungfräulichkeit" darf nicht auf den physischen Aspekt der körperlichen Unversehrtheit eingeschränkt werden. Es ist wichtig, das biblisch bezeugte *Symbol* der „Jungfrau" in den Blick zu nehmen. So kann diese Seite des dritten evangelischen Rates Bedeutsamkeit für alle Getauften erlangen, gleich, ob sie unverheiratet sind oder in der Ehe leben.

Keuschheit und Jungfräulichkeit sehe ich dabei als zwei „Flügel", die zu einem gelungenen ehelosen Leben gehören. Zu diesen Themen hat sich für mich in den letzten Jahren eine Fülle von Aspekten ergeben, von denen ich hier nur einige erwähnen kann (siehe dazu Herzig, in: Garhammer, Zölibat, 113–132) und sie mit der Botschaft der Erlösung verbinden will.

Ehelosigkeit oder Freiheit zum Lassen

Wer sich auf ein Leben in Ehelosigkeit verpflichtet, muss einiges „lassen": einen Ehepartner, Kinder, den Aufbau einer eigenen Familie, die Intimität der genitalen Sexualität. Meine Erfahrung ist, dass sich der Verzicht in jeder Lebensphase anders zeigt und meldet. Dabei ist es für ein gesundes Leben in Ehelosigkeit wichtig, diesen Verzicht wahrzunehmen und den Schmerz darüber zuzeiten auch zuzulassen. Ein ständiges Übertünchen und Übergehen führt dagegen zu unerträglichen Spannungen, die irgendwann explodieren oder implodieren (etwa in einer Depression). Es bleibt eine klaffende Wunde im Menschen, die nicht einfach durch Gebet und Gottesbeziehung geschlossen wird. Der Jesuit Henri Boulad kleidet diese Erfahrung in folgende Worte: „Gott füllt unser Herz nicht aus in einer entsprechenden ‚Gegenleistung', sondern er belässt es in seiner Leere. Doch müssen wir gut verstehen lernen, dass diese Leere gerade seine Anwesenheit in unserer Wesenstiefe bedeutet, denn sie hat Raum für ihn geschaffen" (Boulad, 119). Eindringlich warnt er davor, in der Vorbereitung zum ehelosen Leben den Kandidaten und Kandidatinnen da etwas vorzumachen. Noch weniger kann diese

Lücke durch Arbeit und Leistung geschlossen werden. Es mag die Versuchung bestehen, sich durch übersteigerte Anhänglichkeit an Begleiter und Begleiterinnen, Oberinnen oder auch die Familie Erleichterung zu verschaffen. Gleichzeitig braucht es aber in guter Weise Beziehungen, die eine angemessene Intimität zulassen (Müller, in: Garhammer, Zölibat, 71–90), damit Ehelosigkeit menschlich erfüllend gelingt. Für den zölibatär lebenden Menschen ist es unbedingt notwendig, „sich dem emotionalen Reifungsprozess zu stellen, der zur Befähigung zur Intimität führt" (Müller, in: Garhammer, Zölibat, 73). Für Wunibald Müller zeigt sich diese Fähigkeit u. a. darin, sich auf einer tiefen Ebene mit anderen Menschen austauschen zu können, Nähe zuzulassen und sich in andere Menschen einfühlen zu können. Ebenso ist eine stets neue Vergewisserung nötig, *warum* und *wofür* ich mich zu diesem Leben der Ehelosigkeit entschlossen habe. Vielleicht entdecke ich dabei, dass meine Motive durchaus gemischt waren, und muss meine Motivation aus dem Glauben überprüfen, ja sogar gegebenenfalls mein Leben neu ausrichten. Genauso unabdingbar ist die Ausrichtung auf ein Ziel, auf eine Sendung, die meiner Ehelosigkeit Sinn gibt. Es ist wahr, dass viele Ordensleute zu viel arbeiten. Es ist aber auch wahr, dass eine Unterforderung in der Sendung genauso schädlich ist. Ich meine damit nicht in erster Linie, dass jemand zu wenig arbeitet, sondern dass für ihn oder sie die Richtung nicht mehr klar ist und man dann einfach vor sich hin „werkt" oder dass jemand nur äußerlich tätig, innerlich aber emigriert ist. Im Leben einer Ordensgemeinschaft ist es wichtig, dass ich meinen Beitrag am Projekt der ganzen Gemeinschaft sehen kann, auch wenn ich zuweilen Arbeiten übernehme, die mir im Augenblick nicht die große Erfüllung ermöglichen. Verantwortung der Gemeinschaft bleibt es, eine Atmosphäre unter sich zu entwickeln, die Wärme und Wohlwollen ausstrahlt und wo die Pflege von Beziehungen möglich ist.

Um Christi willen ehelos lebende Menschen sind und bleiben Menschen aus Fleisch und Blut, sie haben ihre Sexualität gerade nicht „auf Eis gelegt", wie es einmal jemand ausgedrückt hat. Wenn ein solches Leben gelingt, dann setzt da vielmehr ein Mensch seine Liebeskraft ganz und entschieden für die Einpflanzung einer Kultur des Lebens und der Liebe ein. Der Redemptorist Peter Lippert hat das vor vielen Jahren auf folgende Formel gebracht: Um erfüllt und gelingend ehelos leben zu können,

> *„wird es sicherlich dreierlei bedürfen: Es wird darum gehen, lieben zu lernen, und zwar in ganzer Breite. Neben dieses Grunderfordernis tritt die Aufgabe, beten zu lernen. Ich meine damit nicht eine Art kompensatorisch-verdrängenden Frömmigkeitseifer ... Ich meine damit aber, dass nur derjenige, der sein Leben lang als Betroffener glaubend beten lernt, seine Ehelosigkeit ins Gelingen bringen kann. – Schließlich könnte man dies alles zusammenfassen in dem dritten Postulat: Es geht darum, leben zu lernen, sich auf Erfahrungen und Situationen des eigenen Lebens und der Mitmenschen wirklich einzulassen. Nicht in Berührungsangst vor dem Menschlichen, sondern mitten in ihm kann Ehelosigkeit gelingen."*
>
> *Peter Lippert, „... wie er dem Herrn gefalle", 791*

Ein Kriterium für Gelingen wird auch sein, ob mich das Leben in Ehelosigkeit ge-lassen macht und mich auch in anderen Lebensbereichen als der Sexualität zum Lassen und Loslassen befähigt. Ich kann andere lassen, ich kann Dinge lassen, ich kann die Vergangenheit lassen. Kann ich Menschen loslassen oder binde ich sie an mich? Kann ich meine Lieblingsprojekte loslassen, sie möglicherweise in die Hände anderer übergeben?

Ehelosigkeit kann auch ein „kollektives" Gesicht haben. Viele Orden stehen heute vor der Erkenntnis: Wir haben keinen „Nachwuchs". Diese schmerzhafte Erfahrung kann uns Ordensleuten klar machen, dass das Gelübde, das wir abgelegt haben, vielleicht von uns nicht nur verlangt, auf eigene Kinder zu verzichten, sondern auch auf die unmittelbar greifbare Zukunft, wie sie sich im „Nachwuchs" zeigt. Es ist nicht selbstverständlich, dass das Leben einfach so weitergeht, wie viele von uns bei ihrem Eintritt gedacht haben. Es wird noch viele Abbrüche geben, Ordensgemeinschaften werden sterben – so wie ein Familienzweig ausstirbt, wenn es keine Kinder gibt. Aus der Kraft des Gelübdes der Ehelosigkeit heraus können auch diese leidvollen Wege gestaltet und in Frieden gegangen werden. Zum Beispiel die Übergabe von Werken und das Aufgeben von Häusern aufgrund fehlender personeller Ressourcen.

Ich habe bewusst bis jetzt nicht den gängigen Topos verwendet, dass Ehelosigkeit für den Dienst frei macht. Ja, es kann so sein. Es soll so sein. Aber dies ist nicht einfach mit dem Ablegen eines Gelübdes oder der einfachen Tatsache des Unverheiratetseins gegeben. Vielmehr ergibt sich diese Freiheit erst aus einer bewussten Lebensgestaltung. Wenn ich in diesem Bereich nicht aufmerksam mit mir umgehe und möglicherweise in einer jammernden Selbstbezogenheit verbleibe, dann bin ich nämlich gerade nicht frei zum Dienst und zur Hingabe meines Lebens. Oft wird von der Ehelosigkeit als „Charisma" gesprochen. Ja, Ehelosigkeit um des Himmelreiches willen ist eine Berufung und eine Gnadengabe Gottes, die Gott einigen in Hinblick auf den Aufbau der Kirche und ihr Zeugnis gibt, wobei ich persönlich mit Karl Rahner die christliche Ehe, die sich dezidiert als solche versteht, ebenso als Gnadengabe sehe. Aber allein die Tatsache, ob jemand unverheiratet oder verheiratet ist, genügt noch nicht. Erst dort, wo Ehe oder Ehelosigkeit als Dienst und Hingabe, als Beitrag zum Aufbau der Kirche und ihrer Sendung gelebt werden, erweisen sie sich tatsächlich als Charisma.

Während die christliche Ehe das Geheimnis der Liebe Christi und der Kirche sowie die Berufung des Menschen zur Gemeinschaft sichtbar macht (vgl. Eph 5,25–32), stellt die Ehelosigkeit mehr in den Mittelpunkt, dass ein Menschenleben hier auf Erden nicht erfüllt wird, dass kein Besitz und kein Mensch die Sehnsucht des Menschen ganz erfüllen kann und dass es stets gilt, mit dieser „dürstenden Seele“ zu leben. Heute überfordern und überfrachten m. E. viele Menschen die Partnerschaften, indem sie genau diese letzte Erfüllung vom Partner, von der Partnerin erwarten. Ein „Stück“ Ehelosigkeit in dem Sinn, dass kein anderer Mensch die letzte Erfüllung meines Lebens und schon gar nicht für dieselbe verantwortlich ist, scheint mir deshalb befreiend zu sein auch für Menschen, die in Ehe und Partnerschaft leben. Das gilt für den jeweiligen Lebenspartner genauso wie für Kinder und Kindeskinder. Die Ehelosen setzen in der Kirche durch ihre Lebensform die Glaubensüberzeugung präsent, dass „Allein Gott genügt“ (Teresa von Avila), dass dieser Gott in der „Herzmitte“ jedes Glaubenden stehen will, so wie der Mensch nach der Überzeugung des heiligen Alfons in der „Herzmitte“ Gottes steht (Mayer, 26).

Keuschheit: Frei zur Transparenz

„Keusch“, so schreibt Johannes Gründel im Lexikon für Theologie und Kirche, „meint das sittlich geordnete Verhalten des Menschen in seinem Geschlechtstrieb.“ Mit dieser offenen Formulierung wird deutlich, dass Keuschheit nicht einfach mit sexueller Enthaltsamkeit gleichzusetzen ist, sondern mit einer guten Ordnung im Umgang mit der Sexualität zu tun hat. Was in dieser Definition nicht zum Tragen kommt, ist die weitere Bedeutung von Keuschheit. So bezog sich im Mittelhochdeutschen „Keuschheit“ nicht nur auf die Sexualität, sondern überhaupt auf einen rechten, d. h. maßvollen Umgang mit der Sinnlichkeit und dem Genuss. Außerdem sind „rein“ und „lauter“ Synonyme für das Wort „keusch“. Aus dem Sonnengesang des Franziskus ist das Bild vom „keuschen Wasser“ bekannt. Gemeint ist damit ein helles, klares Wasser, das bis zum Grund durchsichtig ist, das alles, was in ihm ist, durchscheinen lässt: den Grund, die Steine, die Fische und andere Lebewesen. In diesem Sinn ist ein Mensch „keusch“, der sich „in die Karten schauen lässt“, der nichts verbirgt und verdunkelt, der nichts „hintenherum“ tut. Ein Mensch, der keine Angst haben muss, dass andere seine Gedanken und Pläne kennen. Bernhard Stoeckle weist darauf hin, dass eine „keusche Rede“ in früheren Zeiten eine von Verstellungen, Hinterhältigkeit und Schmeicheleien freie Rede meinte. Auch hier steht der Gedanke der Klarheit und Transparenz dahinter. Außerdem wurden Ausbrüche von destruktiver Aggression und Hass als „unkeusch“ verurteilt, insofern sie „maß-los“ sind und die rechte Grenzziehung vermissen lassen (vgl. Stoeckle, 8). In einem Zeitungsartikel habe ich sogar von der „Keuschheit“ eines Gesangs gelesen. Gemeint war in diesem Zusammenhang, dass der Gesang nicht aufdringlich war, sich nicht in den Vordergrund gespielt hat, sondern angenehm zurückhaltend war, also die richtigen Grenzen gezogen hat.

Vielerlei Ängste mögen Menschen dazu führen, etwas in ihrem Leben zu verdecken, Dinge „hintenherum“ tun zu müssen, Gedanken und Pläne möglichst geheim zu halten. Der evangelische Rat der Keuschheit lädt dazu ein, sich von diesen Ängsten befreien zu lassen. Wo in diesem Sinn „keusche“ Menschen miteinander leben, kann Vertrauen aufgebaut werden, weil Offenheit und Klarheit herrschen. Leben in Keuschheit könnte man also ein Leben ohne Nebenabsichten und Hintergedanken nennen.

„Keusch" ist auch derjenige, der sein Gegenüber nicht bloß als Verlängerung seiner selbst sieht, als Objekt seiner Begierde und Bedürfnisbefriedigung, sondern als Subjekt, als Geschöpf mit eigenem Sein und eigenen Grenzen, das mir und meinem Handeln Grenzen setzt. Mein Gegenüber ist ein Geheimnis, das Würde besitzt und das mir nicht einfachhin „zuhanden" ist. Diese Art „keuschen" Umgangs gebührt Erwachsenen genauso wie Kindern und Jugendlichen, sie gilt jungen und alten Menschen, gesunden und kranken, unversehrten wie behinderten Menschen, Freunden und Hilfesuchenden. Die Haltung der Keuschheit äußert sich in meinem ganz konkreten Verhalten den Menschen gegenüber, wie ich ihre Wünsche nach Nähe oder Distanz achte, wie ich überhaupt für ihre speziellen Bedürfnisse offen bin und nicht nur mein Eigenes suche.

Ich bin immer wieder fasziniert von den Gedanken Josef Piepers (1904–1997), dessen Buch über die Tugenden im Jahr 2004 neu aufgelegt worden ist. Er soll selbst zu Wort kommen:

> *„Das Zerstörerische liegt darin, dass Unkeuschheit den Menschen befangen macht und unbereit, zu sehen, was ist. Ein unkeuscher Mensch will vor allem etwas für sich selbst; er ist abgelenkt durch ein unsachliches ‚Interesse'; sein stets angespannter Genusswille hindert ihn, in jener selbstlosen Gelöstheit vor die Wirklichkeit zu treten, die allein echte Erkenntnis ermöglicht. Thomas [von Aquin] gebraucht hier den Vergleich mit dem Löwen, der beim Anblick eines Hirsches nichts anderes zu gewahren vermag als den Fraß. In einem unkeuschen Herzen ist nicht nur die Aufmerksamkeitsrichtung festgelegt auf ein bestimmtes Gleis, sondern das ‚Fenster' der Seele hat auch an ‚Durchsichtigkeit' im gleichen Maß verloren, als eine selbstische Interessiertheit es, wie mit Staub, bedeckt hat."*
>
> *Josef Pieper, Über die Tugenden, 201f*

„Keuschheit“ dagegen ermöglicht es, dass die Wirklichkeit mir „aufscheinen“ kann als das andere meiner selbst. Keuschheit macht meine Perspektive weit und ermöglicht Staunen. Ich kann mich überraschen lassen und bekomme einen klaren Blick. Das Gegenteil der Keuschheit wäre dann die narzisstische Nabelschau, die den Blick auf die eigene Person hin verengt und so den Menschen bloß auf sich selbst zurückwirft. Noch einmal Josef Pieper: „Es ist mit Recht gesagt worden: Nur wer ein reines Herz habe, vermöge frei und befreiend zu lachen. Nicht minder gilt, dass nur, wer mit reinen Augen in die Welt blickt, ihre Schönheit erfährt“ (Pieper, 209). Die Patronin meiner Ordensgemeinschaft, die heilige Theresia von Lisieux, betet in diesem Sinn: „Mach, dass ich die Wirklichkeit sehe, wie sie ist. Nichts soll mich blenden“ – auch nicht die eigenen Wünsche.

Durchsichtigkeit und Klarheit sind Bedingungen für die Verkündigung der Erlösung in einer Welt, in der es Lüge und Blendwerk gibt. Sie sind mit den Worten von Hermann Stenger Markenzeichen eines „redemptiven Milieus“, denn: „Gott ist durch Jesus für uns Menschen ‚transparent‘ geworden. … Ich folge Jesus nach, wenn ich keine Maske aufsetze, wenn ich nicht Versteck spiele“ (Stenger, 142). In der Nähe von lauteren Menschen greift Vertrauen um sich, man fühlt sich sicher und kann auch der Botschaft dieser Menschen eher trauen.

Keuschheit im Sinne des geordneten Umgangs im Geschlechtsleben bringt natürlich noch weitere Facetten mit sich (vgl. dazu z. B. Müller, in: Frei zum Leben, 11–46). Für Menschen, die wie die Ordensleute sich zur Ehelosigkeit um des Himmelreiches willen verpflichten, gilt, dass Keuschheit auch tatsächliche sexuelle Enthaltsamkeit bedeutet, egal, ob sie auf das andere oder das eigene Geschlecht ausgerichtet sind. Gerade in einer Zeit wie der unsrigen, die oft sexuell „aufgeladen“ wirkt, braucht es – nicht nur für die Ehelosen – eine gesunde Psychohygiene, braucht es Klarheit und Festigkeit. Da stellen sich die Fragen, was ich wirklich lesen und anschauen will, wie ich mich kleide, in welche intimen Situationen ich mich hineinbegebe oder nicht, mit welchen Bildern ich mich umgebe. Es gibt manche, die hier eher vorsichtig sind, und andere, die sich vielleicht zu viel zumuten und die eigenen Grenzen nicht gut wahrnehmen können. Diese Fragen gelten allen, die sich auf den Weg der Keuschheit machen wollen, und auch Ordensleute sollten sie ohne Ängstlichkeit angehen. „Grundlage unserer Keuschheit", so Timothy Radcliffe, „darf niemals Angst sein, Angst vor unserer Sexualität, Angst vor unserer Körperlichkeit, Angst vor Menschen des anderen Geschlechts" (Radcliffe, 37).

Jungfräulichkeit: Befreit zur Hoffnung

Die Erste, die mir einen neuen Blick auf die Jungfräulichkeit geschenkt hat, war Frau Theresia Hauser. Sie hat mit meiner Gemeinschaft in den 80er-Jahren zum Thema der drei Gelübde gearbeitet und uns darin das „Symbol" der Jungfrau aufgeschlossen. Das hat mir eine neue Welt eröffnet und mir später geholfen, als ich selbst Fortbildungen zu den evangelischen Räten gegeben habe. Nach und nach habe ich die Gedanken auch bei anderen (z. B. Anselm Grün) entdeckt und für mich weiterentwickelt. Auf dieser Basis ist es möglich,

- → Jungfräulichkeit aus der Konzentration auf die physische Integrität zu lösen,
- → sie auch für Männer und Nicht-Zölibatäre als „evangelischen Rat" aufzuschlüsseln
- → und ihre Bedeutung für heute zu erschließen.

Ein Relief von einem alten römischen Steinsarkophag ist mir dabei zu Hilfe gekommen: Da steht eine junge, attraktive Frau in der Haltung der „Orante", das heißt mit ausgebreiteten Händen wie der Priester bei der Oration der Messe. Sie ist elegant gekleidet und trägt ein Gewand mit reichem Faltenwurf. Ihr Gesicht ist erwartungsvoll und offen nach vorne ausgerichtet, ein Fuß ist leicht nach vorne gestellt, dadurch hat die Gestalt auch einen leichten „Hüftknick", der geradezu kokett aussieht. Um den Hals trägt sie eine Kette. Rechts und links von ihr kann man zwei Bäume sehen, wohl als Zeichen des Lebens und des „Grünens". Denn das lateinische Wort für Jungfrau, *virgo*, kommt vom Verb *viresco* und das heißt grünen, wachsen, stark werden. Eine schöne, anziehende Frau kommt mir entgegen. Dieses Bild ist mir zum Leitstern für das geworden, was ich unter „Jungfräulichkeit" verstehe.

In erster Linie ist es die aufrechte und hoffnungsvolle Haltung, die ins Auge sticht. Die junge Frau wartet, sie hält Ausschau – und sie ist voll Erwartung, den Bräutigam zu empfangen. Sie weiß, dass noch etwas aussteht, dass noch etwas im Kommen ist. Schon ist sie bereit, auch selbst einen Schritt zu tun. „Jungfräulich" sind also der- und diejenige, die warten können, die noch nicht gesättigt sind, sondern offen und hungrig nach vorne ausgerichtet sind. Wer weiß, wie lange sie schon wartet, aber sie gibt die Hoffnung nicht auf. Sie hat sich schön gemacht – das Kleid, die Kette. Das ist ein Aspekt der Jungfräulichkeit, der mir auch für Ordensleute sehr wichtig ist. Ob mit oder ohne Ordenskleid: Es ist gut, meinen Körper in einem gesunden Maß zu pflegen, mich schön zu machen, für andere und für mich selbst. Die liebevolle und dankbare Zuwendung zu meinem Körper gehört auch zu einem ehelosen Leben. Sie drückt sich z. B. in gepflegter Kleidung aus, in einem gesunden Essverhalten und genauso darin, dass ich meinem Körper sowohl Zeiten der Ruhe als auch Zeiten der Bewegung gönne. Ich darf mich selbst liebenswert und auf meine Art schön finden. Manchmal kann ich dann auch andere leichter liebenswert finden und ihnen mit Wertschätzung begegnen!

Gerne möchte ich Theresia Hauser selbst zu Wort kommen lassen: Die „Feinde der Jungfrau sind Resignation,

Hoffnungslosigkeit, Lebensüberdruss, Verdrießlichkeit, Todesfurcht und Selbstverliebtheit. Die Jungfrau soll Hoffnung und Zukunft in die Welt strahlen, nicht Verdrießlichkeit und Lebensüberdruss. Sie bleibt nicht hängen an Enttäuschungen und bindet ihre Energien nicht nach hinten, wie es die ‚törichten' Jungfrauen im Gleichnis tun, die wieder zurückgehen müssen" (Vortragsmitschrift). Der Aspekt der Jungfräulichkeit bringt eine gewisse Leichtigkeit in die Überlegungen über den evangelischen Rat der Ehelosigkeit und Keuschheit hinein. Denn in ihm kommt zum Ausdruck, dass es nicht darum gehen kann, etwas verbissen zu halten, sondern sich im Gegenteil gewissermaßen „leichtfüßig" auf den Weg in die Zukunft zu machen. Insofern hat Jungfräulichkeit nicht nur für Ehelose eine Bedeutung, sondern für alle, die als Hoffende und Glaubende auf dem Weg sind. In einem Hochgebet zur Eucharistiefeier bittet der Priester im Namen der Gemeinde: „Lass uns ... in Vertrauen und Hoffnung deine Wege gehen und für alle eine Quelle der Freude und Zuversicht sein." Die Fassung im so genannten „Schweizer Hochgebet" ist noch deutlicher und bittet darum, „dass wir Hoffnung und Zuversicht ausstrahlen". Das sind Bitten im Sinne der Jungfräulichkeit. Eine innere Haltung der Jungfräulichkeit wird sich in unseren Gesichtern und Gesten zeigen, sie wird in unseren auf die Zukunft ausgerichteten Handlungen manifest werden und sich in einer unausrottbaren Hoffnung ausdrücken, die den Schwierigkeiten trotzt.

Ein Blick auf die Bibel, besonders auf das Alte Testament, gibt einen weiteren entscheidenden Hinweis zum Verständnis des Jungfrauseins. Das Gegenbild zur „Jungfrau" ist nämlich nicht die verheiratete Frau, sondern die Hure. In diesem starken Bild drücken die Propheten aus, dass das Volk Israel sich vom lebendigen Gott den Götzen der anderen Völker zugewendet hat (vgl. Jer 18,13–15; Ez 16,1–63; Hos 1,2–9; 2,4–17). In diesem Sinn darf man auch Paulus verstehen, der die Gemeinde von Korinth „als reine Jungfrau“ zu Christus führen will (2 Kor 11,2). In der Offenbarung des Johannes ist die „Braut, die Frau des Lammes“ (Offb 21,9), ein Gegenbild zur „Hure Babylon“ (Offb 17,1–5). „Jungfräulich“ sind also diejenigen, die sich eindeutig zu Gott als dem einzigen Herrn bekennen und nicht mit anderen Göttern spielen und kokettieren. In der Zeit Israels und der jungen Kirche mögen das ganz bestimmte Gottheiten gewesen sein, heute tragen die Götzen andere Namen: Geld, Markt, Macht.

Das Ziel: Fruchtbarkeit

„Die Jungfrauschaft ist wert, doch muss sie Mutter werden. Sonst ist sie wie ein Plan von unbefrucht´ter Erden“, dichtet Angelus Silesius. Die Berufung, Leben weiterzugeben, gilt auch den Ehelosen. Sie tun dies eben nicht durch Zeugen und Gebären von Kindern, sondern sie schenken auf andere Weise Leben: indem sie das Leben anderer fördern und behüten, indem sie zu geistlichen Vätern und Müttern werden, indem sie Projekte auf den Weg bringen, die anderen zum Leben verhelfen, indem sie stellvertretend beten und so die Welt offen halten für den Leben spendenden Geist Gottes. Die Berufung aller Getauften ist letztlich eine marianische: Gott und damit das Leben „zur Welt zu bringen“, so wie Maria Jesus geboren hat.

Menschen wie der heilige Alfons sind – durch alle Schwierigkeiten seines Lebens hindurch, die er gerade auch im sexuellen Bereich hatte – zu fruchtbaren Menschen geworden. Sie haben viele aufgerichtet und ihnen zum Leben verholfen. Die Fruchtbarkeit des heiligen Alfons und seines Charismas hat sich durch die Jahrhunderte hindurch je neu erwiesen: Die Erlösermissionare haben in ihrer Predigt Gott zu den Menschen gebracht und sie mitgenommen auf den Weg des Glaubens. Die Schriften des Heiligen haben viele Menschen auf ihrem

Glaubensweg begleitet und geleitet. Neben den Redemptoristen und den kontemplativen Redemptoristinnen haben sich mehrere apostolisch tätige Frauengemeinschaften gebildet, die sich von Leben und Schriften des heiligen Alfons haben inspirieren lassen. Viele von ihnen sind im sozialen und erzieherischen Bereich tätig und wirken so im Sinne einer Kultur des Lebens. Der Strom der Spiritualität der Erlösung, die im heiligen Alfons und den Heiligen der redemptoristischen Tradition verkörpert ist, hat auch fast von Anfang an viele Nicht-Ordensleute angezogen, die sich und ihr Leben zur Verfügung stellen für die „Erlösung in Fülle“ (vgl. Ps 130,7). Der Gründer meiner eigenen Ordensgemeinschaft sagt in seiner Predigt am Gründungstag (3.10.1957): „Die Erlösung in Christus muss werden zur überreichen, weiterschenkenden Erlösung“, er nennt den heiligen Alfons einen Heiligen „der überströmenden Liebe“, dessen Liebe zum Erlöser Jesus Christus und zu den Menschen weiterströmt in vielen Männern und Frauen. Zu solchem fruchtbaren „Überströmen“ will ein Leben nach dem evangelischen Rat der Ehelosigkeit nach Art der Jungfräulichkeit und Keuschheit führen.

„VIELFACHE RÄTE" DES EVANGELIUMS

Im Abschnitt 42 der Konstitution über die Kirche *Lumen Gentium* (LG) spricht das Konzil von den „vielfachen Räten, deren Beobachtung der Herr im Evangelium seinen Jüngern vorlegt". Die Erwähnung der Räte steht im Kontext des Kapitels über „Die allgemeine Berufung zur Heiligkeit in der Kirche". Was aber kann und soll man unter Heiligkeit verstehen? Die Heiligkeit, zu der alle Getauften berufen sind, „zielt auf die Selbstverwirklichung des Menschen als Abbild Gottes, die sich in der Nachfolge Christi, des Heiligen Gottes (vgl. Mk 1,24par; Joh 6,69), und in der lebenserneuernden Offenheit für den Heiligen Geist konkretisiert" (vgl. Marschütz, Sp. 1274). Heiligkeit führt also den Menschen zurück zu seinem Grundauftrag (vgl. Gen 1,26f) und weist ihn voraus auf seine Erfüllung: Ebenbild Gottes zu sein, und zwar gemäß *dem* Ebenbild Gottes, Jesus Christus (vgl. 2 Kor 4,4; Kol 1,15), der die fleischgewordene Verwirklichung der Liebe zu Gott und zu den Menschen ist. Diese Heiligkeit ist zuerst Gabe und daraus folgend Aufgabe (vgl. Novo Millennio Ineunte Nr. 30). Sie ist „Frucht der Begegnung mit Christus in den vielen Formen seiner Gegenwart" (Neubeginn in Christus, 23). Sie liegt nicht in bestimmten Werken oder in besonderen asketischen und spirituellen Hochleistungen, sondern in der *Liebe*, die nach dem Doppelgebot Jesu darin besteht, „den Herrn, deinen Gott, [zu] lieben mit ganzem Herzen, mit ganzer Seele und mit all deinen Gedanken. Das ist das wichtigste und erste

Gebot. Ebenso wichtig ist das zweite: Du sollst deinen Nächsten lieben wie dich selbst" (Mt 22,37–39; vgl. LG 40.42). Unter diesem Anspruch und im Dienst dieser Heiligkeit steht auch das geweihte Leben in der Kirche. Es richtet sich in allen „Mitteln" (z. B. in der konkreten Praxis der evangelischen Räte), die es ergreift, auf dieses Ziel der Liebe aus und will damit Antwort geben auf die Liebe Gottes. Papst Benedikt XVI. hat deshalb in einer Ansprache beim Angelus das Ordensleben „einen Ausdruck und eine Schule der Liebe" genannt (Januar 2006). Schule ist manchmal anstrengend, macht nicht immer unbedingt Spaß und erfordert einiges Durchhaltevermögen. Auch dies gehört zur Heiligkeit: Wachsen und Reifen, Lernen und Misserfolg, Umkehr und Durchhalten, Not und Schmerzen. Natürlich gibt es auch die hellen Seiten des Lebens und hoffentlich nicht zu knapp. Ich bin sehr dankbar, dass die Theologie des Ordenslebens nach dem Zweiten Vatikanischen Konzil diese Seite des erfüllten Lebens in den Vordergrund gestellt hat. Aber da unser Leben eine durchmischte Wirklichkeit bleibt, dürfen auch die schwierigen und anstrengenden Dinge nicht verschwiegen werden.

Letztlich ist es die Schule Jesu, in die jene eintreten, die ihm nachfolgen. Ihnen gibt er durch sein Leben und Wort Orientierung mit auf den Weg, eben die „Räte" des Evangeliums. Auch wenn LG 42 die „vielfachen Räte" anspricht, legt es nachfolgend „nur" die klassischen Räte von Jungfräulichkeit oder Zölibat, Armut und Gehorsam aus. Doch ist es meines Erachtens nicht verboten, weiterzudenken und zu fragen, woran bei diesen „vielfachen" Räten noch gedacht werden könnte. Klar ist, dass sie unter demselben Horizont zu verstehen sind wie die traditionellen „drei". Das heißt, dass es in ihnen darum geht, dem Evangelium Jesu Christi (m)ein Gesicht hier und heute zu geben, dass sie Antwort sind auf ein von Gott empfangenes Gut und dass es nicht nur um das gelingende Leben des Einzelnen geht, sondern um Haltungen und

Verhaltensweisen, die eine politische, eine gemeinschaftliche Dimension haben, so „Gottesreich“ ausdrücken und es in diese Welt jetzt schon einpflanzen. Aus der Vielzahl der Räte und Orientierungen des Evangeliums Jesu Christi, das letztlich er selbst in Person ist, möchte ich einige herausgreifen, die mir im Zusammenhang mit der Nachfolge des Erlösers und des Bleibens in seiner Spur wichtig geworden sind. Dazu regt mich auch an, dass für den heiligen Alfons neben dem Inhalt der Verkündigung das „Wie“ eine große Rolle spielte. Er gab immer wieder Anweisungen, *wie* zu predigen, zu evangelisieren, zu missionieren sei.

GEWALTFREIHEIT

Ich erinnere mich noch gut an eine Fortbildung, an der auch eine der großen Persönlichkeiten der Redemptoristen in neuerer Zeit, der Moraltheologe Bernhard Häring (1912–1998), teilnahm. Er stellte die Frage, wie es eigentlich sein kann, dass Christen im Ordensstand Armut, Gehorsam und Ehelosigkeit geloben, nicht aber Gewaltlosigkeit. Wenn etwas ein dringender evangelischer Rat, eine Weisung des Evangeliums für ihn war, dann dies. Pater Häring selbst habe ich in den persönlichen Begegnungen als einen gewaltfreien Menschen erlebt. Angesichts der andauernden Gewalt in der Welt, die zu keinen Lösungen führt, sondern die Situation meist verschlimmert, ist Gewaltlosigkeit tatsächlich ein Gebot der Stunde. Sie hat natürlich ihren Platz in Konfliktsituationen, und es gibt viele Menschen, die sich bewusst für einen gewaltfreien Widerstand entschieden haben. Gewaltlosigkeit hat ihren ersten Sitz aber im ganz normalen Alltag. Sie beginnt mit der Art der Kommunikation, in den kleinen Wörtern, die für den, für die andere wie ein Schlag ins Gesicht sein können. Sie lebt dort, wo die Grenzen der anderen geachtet werden und wo nicht immer wieder in den Verantwortungsbereich anderer eingegriffen wird. Gewaltfreiheit äußert sich im Umgang mit Macht und Ohnmacht, im Umgang mit Ablehnung. Schlage ich mit den gleichen „Waffen“ zurück oder habe ich andere, weniger gewaltvolle Wege gefunden, ohne alles unterschiedslos hinzunehmen? Es gibt heute eine Vielzahl von Hilfen und Kursen, die beitragen können, zu Lösungen zu finden, die möglichst für alle heilvoll sind.

Gewaltlosigkeit gibt im Heute dem Jesus ein Gesicht, der die Spirale von Ablehnung und Gewalt durchbricht und nicht wie seine Jünger „Feuer vom Himmel fallen lassen“ will (Lk 9,51ff). Seinen Jüngern trägt er auf, den „Staub von den Füßen zu schütteln“ und einfach weiterzuziehen, wenn sie an einem Ort nicht angenommen werden (Mk 6,6b–13par). Er selbst praktiziert das Gleiche in seiner Heimatstadt, die mit dem großen Sohn letztlich nicht umgehen kann (Lk 4,30). Er verzichtet auf die „zwölf Legionen Engel“, die ihm sein Vater schicken könnte, um ihn mit Gewalt der Gewalt anderer zu entreißen (Mt 26,51–54). Gewaltfreiheit lässt den Jesus aufleuchten, der Gewaltausbruch nicht einfach hinnimmt, sondern den, der ihn schlägt, in Ruhe mit den Motiven, die ihn dazu geführt haben, konfrontiert (Joh 18,22f).

Gewaltlosigkeit braucht einen langen Atem. Sie ist kein Rezept für eine schnelle Lösung von Konflikten. Und auch die Bibel ist nicht frei von Geschichten der Gewalt, weil sie eben auch Bild unseres Lebens ist. Es mag auch Situationen geben, wo zum Schutz von Menschen ein gewaltvolles Eingreifen kurzfristig nötig ist. Es geht also nicht um eine völlig naive Gewaltfreiheit, sondern um eine grundsätzliche Ausrichtung, auf die es immer wieder neu einzuschwenken gilt.

Eine Gestalt der Gewaltlosigkeit in der redemptoristischen Tradition ist für mich der liebenswerte Bruder Gerhard Majella, von dem schon die Rede war. Beeindruckt hat mich vor allem eine zunächst skurril anmutende Geschichte, die man aber auch als Geschichte gewaltfreien Widerstands betrachten kann. Im Zorn befahl ihm ein Oberer, „sich doch in den Backofen zu legen". Gerhard tat genau das – und machte damit dem Oberen die Unmöglichkeit seines Verhaltens auf kreative und humorvolle Weise klar. Gewaltlosigkeit kann sich auch darin ausdrücken, wie ich über jemanden spreche, der meine Meinung nicht teilt oder meine Botschaft nicht annimmt. Kriterium ist, ob der Respekt vor dem anderen gewahrt bleibt oder ob die Enttäuschung über den Misserfolg zu einem abschätzigen Denken und Reden über den Betroffenen führt. Gewaltlosigkeit hat deswegen viel mit innerer Freiheit zu tun. Sie lässt sich nicht bestimmen von Angenommensein oder Ablehnung, von „gut ankommen" oder Misserfolg.

AUFMERKSAM UND BERÜHRBAR

Jesus hat nach den Evangelien offensichtlich nicht ungern ein „Bad in der Menge" genommen. Dabei hat er sich von vielen Menschen anfassen lassen. Bei Lukas heißt es zusammenfassend: „Alle Leute versuchten, ihn zu berühren; denn es ging eine Kraft von ihm aus, die alle heilte" (Lk 6,19). Gleichzeitig wendet Jesus auch in der Menge seine Aufmerksamkeit den einzelnen Menschen zu: Die blutflüssige Frau lässt er aus der Anonymität hervortreten (Mk 5,32f), Zachäus holt er vom Baum (Lk 19,5) und den blinden Bartimäus ruft er gegen den anfänglichen Widerstand der Menge zu sich (Mk 10,46–52).

Immer wieder werden Kranke zu ihm gebracht, damit er sie berühre (z. B. Mk 8,22), und Jesus wehrt sich nicht dagegen. Er erfüllt den Wunsch, legt die Hände auf oder kommt den Menschen auf andere Weise ganz nahe. Auch im übertragenen Sinn lässt sich Jesus berühren von den Nöten der Menschen. Am intensivsten kommt das wohl in der Trauer über den toten Freund Lazarus und in der Begegnung mit dessen trauernden Schwestern Marta und Maria zum Ausdruck (Joh 11,1–16). In den vielen Erzählungen des Evangeliums verdichtet sich eine tiefe theologische Wahrheit: Das Wort, das Fleisch geworden ist und unter den Menschen „zeltet“ (Joh 1,14), kann man anfassen und berühren. Und in ihm berührt der Mensch das Geheimnis Gottes. Der erste Johannesbrief, der nicht umsonst in der Weihnachtszeit oft gelesen wird, stellt diesen Glauben staunend an seinen Anfang: „Was von Anfang an war, was wir gehört haben, was wir mit unseren Augen gesehen, was wir geschaut und was unsere Hände angefasst haben, das verkünden wir: das Wort des Lebens“ (1 Joh 1,1).

Wo Menschen sich auf den Weg der Nachfolge dieses „anfassbaren“ Erlösers machen und seinem Beispiel folgen wollen, kommen sie nicht daran vorbei, selbst berührbar zu bleiben. Dazu dürfen sie die Nähe von Menschen nicht scheuen, sie müssen sich dabei manchmal sogar „die Hände schmutzig machen“. Strukturen und große (pastorale) Räume tragen die Gefahr in sich, dass die Aufmerksamkeit für den Einzelnen nachlässt, ja oft gar nicht mehr möglich ist. Der heilige Alfons hat sich den Blick für den einzelnen Menschen bewahrt, auch in seiner Zeit als Generaloberer und Bischof. Zeugnis davon geben nicht zuletzt die vielen Briefe, die er geschrieben hat und in denen er auf die Anliegen vieler Einzelner eingeht und sich dabei auch um Details kümmert. Dass er sich von der Not der kleinen Leute in Neapel und der armen Hirten von Scala berühren ließ, hat ihn seine eigene Berufung entdecken lassen. Dadurch ist er zu dem geworden, als den ihn die Kirche anerkannt hat in ihrem Verzeichnis der Heiligen.

Mir kommt vor, dass es gerade in einer Zeit wie der unsrigen, die immer unübersichtlicher wird, wichtig ist, dass es in ihr Menschen gibt, die sich vom Schicksal Einzelner berühren lassen, die Zeit finden, um ihnen Aufmerksamkeit zu schenken. Mich hat immer schockiert, wenn sich Menschen an meiner früheren Dienststelle überschwänglich bedankt haben, dass ich mir „so viel Zeit“ für sie genommen habe. Manchmal waren das nur 20 Minuten. Erfahren Menschen sonst noch weniger Zugeständnis an Zeit und Aufmerksamkeit? Wenn „Seelsorgseinheiten“ immer größer werden und immer weniger Seelsorger für immer ausgedehntere Räume sorgen müssen, ist es umso dringender, dass viele Getaufte und Gefirmte in der Nachfolge Jesu vor Ort ansprechbar und berührbar bleiben. Wenn im Tagesgeschäft sozialer und kommunaler Einrichtungen der Einzelne droht, zur Nummer zu verkommen, dann kommt es auf Menschen an, die sich unterbrechen und berühren lassen. Das gilt natürlich besonders für Einrichtungen, die von der Kirche und von Orden der Kirche getragen sind. Gott sei Dank gibt es Orte, an denen diese Nähe und Zuwendung praktiziert wird, egal, ob aus Glauben oder aus einer humanistischen Einstellung heraus. Das Reich Gottes, das Christen erwarten und erhoffen, wird nicht eine anonyme, distanzierte Sache sein, sondern eine lebendige Gemeinschaft, in der jeder und jede wertvoll ist und der Aufmerksamkeit würdig. Das soll auch jetzt schon anfänglich erfahrbar werden.

VERGEBUNG

Papst Johannes Paul II. hat oft von einer „Kultur des Lebens“ gesprochen, die eine „Kultur des Todes“ überwinden soll. Zu einer solchen „Kultur des Lebens“ gehört ganz zentral die Vergebung. Dabei sind das Ziel nicht einzelne „Akte“ der Vergebung, sondern das Ziel ist, ein „vergebender Mensch“ zu werden, das heißt, das Leben aus der Haltung der Vergebung heraus zu gestalten. Diese Haltung wird sich dann im bereitwilligen Einlassen auf konkrete Prozesse der Vergebung ausdrücken und sich gerade dort als richtunggebend erweisen, wo es schwierig wird.

Weder ein Blick in die Kirche, ihre Pfarrgemeinden und Gruppen, noch ein Blick in die Ordensgemeinschaften lässt leichtfertig und überzeugt die Aussage der Apostelgeschichte wiederholen, dass die Gemeinde „ein Herz und eine Seele“ war (vgl. Apg 4,32). Nun ist aber auch das Neue Testament nicht naiv. Dieser einen „Spitzenaussage“ stehen viele Aufforderungen zur Vergebung gegenüber (1 Thess 5,15; Kol 3,13; Eph 4,32). Und es ist wohl auch nicht umsonst, dass Petrus im Matthäusevangelium fragt: „Herr, wie oft muss ich meinem Bruder vergeben, wenn er sich gegen mich versündigt? Siebenmal?“ Jesu Antwort ist klar: „Nicht siebenmal, sondern siebenundsiebzigmal“ (Mt 18,21f), das heißt immer, ohne Einschränkung. Das Gleichnis vom unbarmherzigen Gläubiger (Mt 18,23–35) begründet diese Antwort Jesu: „Hättest nicht auch du mit jenem, der gemeinsam mit dir in meinem Dienst steht, Erbarmen haben müssen, so wie ich mit dir Erbarmen hatte?“ (Mt 18,33). Wer von Gott Erbarmen und Vergebung empfangen hat, darf nicht zögern, diese an die Mitmenschen weiterzugeben. Und zwar in „reichem, vollem, gehäuftem, überfließendem Maß“ (Lk 6,38). Die Aufforderung, großzügig zu geben, steht im Lukasevangelium im Kontext der Frage von Verurteilung, Schuld und Vergebung. Es geht hier also zunächst nicht um ein beliebiges Geben, sondern exakt um das Gewähren der Vergebung. Gleichzeitig wird die Hoffnung geäußert, dass mir dann das Gleiche widerfahren wird. Das ist aber nicht automatisch so. Vergebung kann ich auch ohne den anderen schenken, das unterscheidet sie von der Versöhnung, die zwei Partner braucht. „Einseitige“ Vergebung kann aber der erste Schritt zur Versöhnung sein. Im Vergeben oder Nicht-Vergeben gestalten wir unsere Beziehung zur Vergangenheit und unser Weitergehen in die Zukunft. „Lasse die Vergangenheit in Frieden, damit sie nicht die Zukunft ruiniert“, habe ich in einer Präsentation gelesen, die mir über Internet zugeschickt wurde. Denn ist es nicht oft so, dass das Festhalten von Ansprüchen anderen gegenüber, ja bis hin zu Rachegefühlen auch das eigene Leben behindert, ganz zu schweigen vom Miteinander?

Wir brauchen normalerweise Hilfen zu diesem Weg der Vergebung. Es gibt dazu eine Reihe von Büchern, aus dem Bereich der Spiritualität ebenso wie aus dem Bereich der Lebensberatung. Wichtig ist mir dabei geworden, dass nicht von mir verlangt ist, „alles zu vergessen“, sondern das, was geschehen ist, in mein Leben zu integrieren und es so zu befrieden. Für den Christen bleibt die hervorragende Quelle dieser Haltung der Vergebung das Erbarmen, das Gott uns in Jesus Christus entgegenbringt, jeden Tag: „Die Huld des Herrn ist nicht erschöpft, sein Erbarmen ist nicht zu Ende. Neu ist es an jedem Morgen; groß ist deine Treue“ (Klgl 3,22f). Dieses erbarmende Antlitz Gottes strahlt im Gekreuzigten auf, der betet: „Vater, vergib ihnen, denn sie wissen nicht, was sie tun“ (Lk 23,34a). Wenn wir in unseren Kirchen und christlichen Häusern Kreuze aufhängen, mag uns das jeden Tag an dieses Gebet Jesu erinnern.

Am Ende seines Lebens wird Alfons von Liguori noch einmal auf eine schwere Probe gestellt. Er hatte sich auf einige Mitbrüder verlassen und konnte durch sein Alter, besonders seine starke Kurzsichtigkeit, vieles an schriftlichen Dingen nicht mehr nachprüfen. Es ging dabei um die staatliche Anerkennung seiner Gemeinschaft im Königreich Neapel. Dabei fielen im Regeltext jedoch die drei Gelübde aus, weil diese vom Staat verboten waren. Der Vatikan reagierte, und die Patres im Königreich Neapel, unter ihnen auch Alfons, wurden als nicht zur Kongregation zugehörig betrachtet. In dieser Situation schreibt Alfons dem „Hauptschuldigen“, Pater Angelo Maione: „Seid versichert, dass ich Euch jetzt noch genauso liebe wie früher: Ihr werdet es erleben. … Was Eure Ehre betrifft, überlasst sie nur mir; es wird meine ständige Sorge sein, sie bei allen Mitbrüdern und Fremden zu verteidigen“ (vgl. Rey-Mermet, 640). Alfons versicherte auch Pater de Paola, der für einige Unruhe im Kirchenstaat und in den Verhandlungen mit der päpstlichen Kurie gesorgt hatte, seine Liebe. Er hat sogar die Größe, sich über die Erfolge der Kongregation im Kirchenstaat zu freuen. Ich mag nicht verhehlen, dass Alfons, vielleicht aus seiner wieder aufflammenden Skrupulosität heraus, die Schuld ganz auf sich nahm, was nicht der Situation angemessen war. Aber seine vergebende Haltung hat schließlich Frucht getragen, wenn auch nach seinem Tod: Die Kongregation wurde wieder vereint.

GASTFREUNDSCHAFT

„Vergesst die Gastfreundschaft nicht; denn durch sie haben einige, ohne es zu ahnen, Engel beherbergt", so mahnt der Hebräerbrief (Hebr 13,2; vgl. Röm 12,13). Das griechische Wort für Gastfreundschaft – *philoxenía* – setzt sich aus zwei Wortstämmen zusammen, die sich auch im deutschen Wort widerspiegeln: Liebe, Freundschaft zum anderen, zum Fremden oder eben zum Gast. In der Zeit der Wandermissionare war die Gastfreundschaft etwas Entscheidendes. Man war darauf angewiesen, gastlich aufgenommen zu werden. Von hierher verstehen sich die Ermahnungen zur Gastfreundschaft. Der Text aus dem Hebräerbrief weist zurück auf die Erzählung vom Besuch der drei Engel bei Abraham (Gen 18,1–33), in die die Verheißung der Geburt eines Sohnes eingebettet ist. Auch an anderen Stellen des Alten Testaments spielt die gastliche Aufnahme eine Rolle. So nimmt die „Witwe von Sarepta" den Propheten Elija auf und gibt ihm zu essen, obwohl sie selbst kaum mehr etwas hat. Das bringt ihrem eigenen Leben die entscheidende Wende, und sie überlebt die Zeit der Hungersnot dank des Wunders von Mehltopf und Ölkrug, die nicht leer werden (1 Kön 17,8–24). Im Üben der Gastfreundschaft kann Großes entstehen, können sich neue Wege öffnen, kann das eigene Leben bereichert werden. Jesus hat immer wieder die Gastfreundschaft vieler Menschen angenommen und ist in ihre Häuser eingekehrt. Dort finden Begegnungen, Gespräche und Heilungen statt. In den Erzählungen von der Speisung einer großen Menge von Menschen tritt Jesus selbst als Gastgeber auf. Und in den letzten Tagen vor seinem Tod lädt er seine Jünger an den Tisch, an dem er Brot und Wein als sein Fleisch und Blut reicht (Mk 14,17–25par). Im Sakrament der Eucharistie feiern Christen dieses Geheimnis. Gerade dieses Sakrament, bei dem wir Gäste Gottes sein dürfen, sendet uns, selbst Gastfreundschaft zu üben.

Gemeint ist in der Bibel damit zunächst die ganz konkrete Aufnahme von Durchreisenden und Gästen. Auch in der Tradition des Ordenslebens spielt die Gastfreundschaft eine wichtige Rolle und wird bis heute gepflegt. Grundsätzlich stellt sich jedoch je neu die Frage, wie und für wen wir unsere Häuser und Wohnungen, unsere Kirchen und Pfarrzentren öffnen und den Raum, den wir haben, zur Verfügung stellen. Ich erinnere mich noch gut an die Zeit der Balkankriege Anfang der 90er-Jahre des vorigen Jahrhunderts. Es gab damals den Aufruf an die Klöster, Flüchtlinge aufzunehmen. Ich gestehe ehrlich, dass ich wie andere von uns zuerst dachte, das geht die Gemeinschaften mit den großen Häusern an, jedenfalls nicht uns. Aber wir spürten dann, dass doch wir gemeint waren, und wir haben unser Haus für einige Jahre für Flüchtlinge geöffnet. Es war manchmal anstrengend, aber wir möchten diese Zeit nicht missen. Natürlich muss man schon die eigenen Möglichkeiten bedenken. Eine Familie und auch eine Ordensgemeinschaft brauchen zum Beispiel Zeiten für sich und ihr Eigenleben. Außerdem geht man auch die Gefahr ein, ausgenutzt zu werden. Aber es gilt doch, uns immer wieder herausfordern zu lassen und darauf aufmerksam zu sein, die Grenzen nicht zu eng zu ziehen.

Ich möchte den Rat zur Gastfreundschaft aber noch etwas weiter verstehen: Es geht dabei auch um einen grundsätzlichen Umgang mit dem anderen und dem Fremden. Das ist manchmal die Mitschwester, die mit mir Tür an Tür wohnt, oder der Vertreter einer anderen Gruppierung in der Kirche. Lasse ich mich da „besuchen“ und in Frage stellen oder schotte ich mich von vornherein ab? In unserer globalisierten Welt geht es auch um die Begegnung der Kulturen. Gastfreundschaft pflegen heißt auch, eine kulturelle Offenheit zu zeigen und die jeweils andere Kultur wertzuschätzen, ohne sie übernehmen zu müssen. Und gesellschaftlich gesehen: Wie steht es wirklich um die Aufnahme der „Fremden“ bei uns, die nicht als hochwillkommene Touristen, sondern als Flüchtlinge, Asylbewerber und Migranten auf Arbeitssuche kommen? Es gilt zwar zu unterscheiden und Spielregeln aufzustellen, aber Angst und Fremdenhass sind nicht dem Evangelium gemäß.

Die Heilige Schrift erinnert uns auch daran, dass wir selbst nur „Fremde und Gäste auf Erden“ sind (vgl. Ps 39,13; 119,19; Hebr 11,13; 1 Petr 2,11); Gäste bei Gott, dem die Erde gehört. Er ist es, der uns Gastfreundschaft gewährt, bei dem wir willkommen sind – jetzt und gemäß der christlichen Hoffnung im vollendeten Reich Gottes. Alfons von Liguori wollte, dass die offene Tür, die wir bei Gott finden, durch die Art und Weise, wie die Erlösermissionare leben, erfahrbar wird. Deshalb öffnete er die Türen seiner Häuser und später die Tore seines Bischofshauses. Im Üben der Gastfreundschaft und der „Fremdenliebe“ durch uns kann dieser Aspekt des Evangeliums auch heute zum Leuchten kommen.

FREIHEIT DES GEISTES

„Zur Freiheit hat uns Christus befreit“ – dieses Wort des heiligen Paulus aus dem Brief an die Galater (Gal 5,1) fasst programmatisch zusammen, wohin das erlösende Handeln Gottes in Christus Jesus den Menschen führen will. Wie Paulus im daran anschließenden Text ausführt, ist damit keine Zügellosigkeit gemeint (Gal 5,13), sondern die Loslösung von den

„Werken des Fleisches" und die Übernahme eines Lebens aus dem „Geist". Paulus selbst tritt unerschrocken auf, er scheut das offene Wort nicht, wo es ihm nötig scheint. Gleichzeitig kann der Geist des Freimuts auch dazu führen, auf das Gewissen anderer, besonders der Schwachen und Verunsicherten, Rücksicht zu nehmen (vgl. 1 Kor 10,23ff). Die Gemeinde von Ephesus bittet der Apostel ausdrücklich um das Gebet, damit er sich den Freimut bewahren kann (Eph 6,20).

Auch von Jesus selbst heißt es an einigen Stellen der Evangelien, dass er „offen" redet (z. B. Mk 8,32; Joh 7,26; 18,20). Aus dem „Geist der Freiheit" (vgl. 2 Kor 3,17) heraus vollbringt Jesus seine Sendung. Er lässt sich nicht leiten von falscher Rücksichtnahme und hält sich von Einflüsterungen anderer frei. Er schützt sich nicht selbst, indem er das offene Wort scheut. Die Botschaft von der befreienden Herrschaft Gottes steht im Zentrum seiner Verkündigung. Sie kann ankommen, weil an Jesus selbst und an seinen Nachfolgern dieser Geist der Freiheit erfahren werden kann. Daran wird auch deutlich, dass diese Art Freimut eine Motivation und ein Ziel hat. Sie ist möglich im Wissen um ein letztes Gehaltensein von Gott und dient dazu, anderen Menschen den ganzen Reichtum der Gottesherrschaft zu zeigen und sie dazu einzuladen.

Bernhard Häring spricht davon, dass der heilige Alfons das Charisma der Geistesfreiheit in erstaunlicher Weise hatte. Er hat sich diesem Geschenk im Laufe seines Lebens immer mehr geöffnet. Leicht war es nicht für ihn, denn sein Vater war herrisch und ehrgeizig und wollte den Sohn für seine Pläne gewinnen. Alfons musste sich auch lösen von einem Angst machenden Gottesbild, das ihn zu einer ungesunden Skrupulosität geführt hatte. Es war nicht so sehr das Studium, das ihn schließlich für den Geist der Freiheit öffnete, es waren ganz konkrete Erfahrungen: Das Spiel am Gericht wollte er als junger Anwalt nicht länger mitspielen, als ihm aufging, dass er mit Ehrlichkeit keine Chance hatte. Die Begegnung mit den Armen in Neapel und später mit den verarmten Hirten im Bergland von Scala ließen Alfons in großem Freimut auf (durchaus mögliche) Titel und Ehren verzichten und führten ihn zum „Exodus“ aus der Welt des Adels und des Stadtlebens zu den Armen auf dem „verlassenen“ Land. Bernhard Häring schreibt dazu: „Der Exodus des hl. Alfons ist in eins mit dem Vollzug der Zuwendung zu den Armen und Ärmsten. Und im Vollzug dieser liebenden, heilenden Zuwendung wuchs sein Freimut, sein Charisma der Geistesfreiheit und sein energischer Kampf gegen den Moralrigorismus und die Angstreligion des jansenistischen Elitismus“ (Häring, in: Schmitz, Heute Redemptorist sein, 186). Später kommt in einer seiner Schriften, in der er sich gegen seine kirchlichen Zensoren und seine Gegner ausspricht, sein Grundanliegen zum Ausdruck: „Gott hat den Menschen nicht für das Gesetz geschaffen, sondern für die Freiheit aus Liebe und für Liebe“ (ebd.). Alfons hat z. B. in Freimut für eine Neuregelung des Zinsverbotes gekämpft, das sich überlebt hatte, er widerstand einem Sexualrigorismus und scheute sich nicht, den Jesuiten, die damals von der Kirche verboten wurden, offen die Freundschaft zu bewahren. Dafür nahm er sogar die Gefährdung seiner eigenen Gründung in Kauf. Bernhard Häring sieht diese Geistesfreiheit auch bei anderen Heiligen des Ordens der Redemptoristen, etwa bei Klemens Maria Hofbauer. Dieser wollte das Evangelium „ganz neu verkünden“ und nahm dafür viele Schwierigkeiten in Kauf. Er ließ sich jedoch nicht entmutigen, sondern pflegte in Freimut mit ganz unterschiedlichen Menschen Kontakt, mit Armen und Reichen, Gebildeten und Ungebildeten.

Die Freiheit des Geistes ist ein grundlegender evangelischer „Rat“ im Sinne einer Option für die befreiende Botschaft Jesu Christi. Ohne sie kann diese Botschaft nicht in ihrem ganzen Reichtum weitergegeben werden. Und doch ist sie immer wieder neu gefährdet, durch Ängstlichkeit, falsche Rücksichtnahme und Arrangements mit den Mächtigen, durch Einflüsse, die uns oft gar nicht bewusst sind. Eine „Unterscheidung der Geister“ gehört deshalb unabdingbar dazu. Am Leben Jesu, der Apostel und der Heiligen wird sichtbar, dass die Geistesfreiheit genährt wird durch den Kontakt mit den Armen, mit denen, die am Rand stehen, die keine Lobby haben. Sie bleibt ein Geschenk der Gnade und ruft nach dem Gebet, der Vergewisserung meiner und unserer Verankerung in Gott. Denn wer sie lebt, der wird unweigerlich Stürme erfahren. Dann braucht man einen festen Halt, wie ihn der heilige Alfons und andere Heilige hatten. Die Freiheit des Geistes ist nicht mit Beliebigkeit zu verwechseln – sie kann nur in einer starken Bindung gelebt werden: an den Geist und an die Gemeinschaft der Glaubenden. Die Befähigung dazu ist uns schon im Geist geschenkt (vgl. 2 Kor 3,17), sie verlangt danach, von uns gepflegt und konkret umgesetzt zu werden in Wort und Tat. Als Einzelne und als Gemeinschaften.

ANDERE TEILHABEN LASSEN AN DER SENDUNG

Es gibt eine alte Erzählung, von der ich nicht weiß, wo ich sie zum ersten Mal gehört habe und wo die Quelle zu finden ist. Jesus kommt nach seiner Himmelfahrt in den Himmel und wird von den Engeln willkommen geheißen. Sie umringen ihn und fragen ihn, was denn nun mit seinem Werk auf Erden geschehen soll. Jesus zeigt auf die Erde hinunter und sagt: Hier, da sind meine Jünger, sie werden das Werk fortführen. Die Engel sind entsetzt: Mit denen? Hast Du denn keine andere, bessere Lösung? Und Jesus antwortet: Nein, ich habe keine andere Lösung, *sie* sind meine Lösung. Mit ihnen wird das Werk weitergehen. Diese Geschichte bringt auf den Punkt, was sich auch in den Evangelien widerspiegelt: Jesus hat Nachfolger berufen, Männer und Frauen, die mit ihm unterwegs waren, die mit ihm verkündet und geheilt haben. Jesus lebt nach dem Zeugnis der Evangelien seine Sendung nicht als Einzelkämpfer, er lässt andere teilhaben. Für mich ist das ein indirekter Rat des Evangeliums, der überall in der Geschichte am Werk war, wo sich Menschen miteinander auf den Weg gemacht haben – in Orden und geistlichen Bewegungen oder im Aufbau sozialer Werke. Dieser Geist der Teilhabe ließ Alfons in Neapel die Abendkapellen gründen und sie in die Hände der „Laien" geben; er ließ Klemens Maria Hofbauer über die Zusammenarbeit mit Ordensfrauen nachdenken und ein Institut für Oblatinnen gründen. Beide waren sich anscheinend bewusst, dass sie alleine nichts ausrichten, aber vieles erreichen können, wenn sie Menschen für ihre Ideen gewinnen und ihnen auch Verantwortung übertragen. Für die Kirche ist es dringend notwendig, diese Gemeinsamkeit im Auftrag anschaulich zu machen und darin auch dem Geist zu trauen, der in allen Getauften und Gefirmten wirkt. Deshalb ist es gut, wenn sich bei vielen Ordensgemeinschaften neu „der Geist regt" und sich – neben den Mitgliedern, die die Ordensgelübde ablegen – Kreise von Freunden und Assoziierten bilden, die auf ihre Weise die Sendung und das Charisma verwirklichen und reicher machen (vgl. VC 55). In neueren Gemeinschaften und Bewegungen gibt es oft verschiedene Gruppen von Verheirateten, Zölibatären, Priestern und Laien, die auf ein Ziel hin zusammen wirken. Wo der Rat der Teilhabe Raum gewinnt, kann so deutlich werden, dass „Reich Gottes" eine gemeinschaftliche Größe ist. Nur gemeinsam werden wir es erreichen und gemäß dem Auftrag Jesu anfänglich in dieser Welt bauen.

EIN ALTES GEBET NEU GEDEUTET

EIN BLICK AUF MARIA

Fast alle Predigten und Schriften des heiligen Alfons enden mit einem Blick auf Maria. Dieser guten Tradition will ich mich hier anschließen. Denn wie das Zweite Vatikanische Konzil in der Konstitution über die Kirche herausgestrichen hat, ist Maria für die Kirche „Typus und klarstes Urbild im Glauben und in der Liebe“ (LG 53). Auch in der Ordensregel meiner Gemeinschaft heißt es, dass wir „den Weg des Glaubens … mit Maria“ gehen, weil sie durch ihre Hingabe an Gott und im Eingehen auf den Weg ihres Sohnes Jesus Christus „in einzigartiger Weise dem Geheimnis der Erlösung“ gedient hat und dient (K 7). Ein Gebet, das uns dabei zu Hilfe kommt, ist das Gebet des „Engel des Herrn“, das wir auch in meiner Ordensgemeinschaft öfter sprechen. Früher wurde es von vielen Menschen gepflegt und strukturierte oft – begleitet von den Kirchenglocken – den Tagesablauf. Heute ist es stiller um dieses Gebet geworden. Bei der Reflexion über die evangelischen Räte ist es mir neu als Kostbarkeit in die Hände gefallen. Denn es lässt meines Erachtens Maria als arm, gehorsam und jungfräulich-mütterlich aufleuchten.

DAS GEBET DES „ENGEL DES HERRN"

Das Gebet ist in einem Dreischritt konzipiert und orientiert sich am Besuch des Engels bei Maria mit der Verheißung der Geburt Jesu (Lk 1,26–38) und am Prolog des Johannesevangeliums (Joh 1,14). Es ist also ein stark biblisch geprägtes Gebet. Traditionell wird nach jedem programmatischen Satz das Ave Maria (Gegrüßet seist du, Maria) gesprochen. Das Schlussgebet weitet dann den Blick von der Menschwerdung Christi über sein Leiden, Kreuz und Auferstehung bis zu unserer eigenen Vollendung und bittet um Begleitung und Beistand durch Maria. Ich möchte mich im Folgenden auf die biblischen Grund-Sätze des Gebetes konzentrieren.

Der Engel des Herrn brachte Maria die Botschaft, und sie empfing vom Heiligen Geist. Das Gebet stellt hier Maria als die Frau mit offenen Ohren und offenem Herzen vor. Sie weiß, dass sie die Botschaft „von außen" braucht und ganz Empfangende ist. Damit kommt die erste Dynamik der *Armut* zur Sprache, aus der alles andere erst entspringt: das dankbare Empfangen. Maria „ragt unter den Demütigen und Armen des Herrn hervor, die das Heil mit Vertrauen von ihm erhoffen und empfangen" (LG 55). Sie gibt ihr „empfangendes Ja" (LG 56).

Maria sprach: Siehe, ich bin die Magd des Herrn; mir geschehe nach deinem Wort. Nicht ohne kritisches Nachfragen, aber dann bereitwillig (Lk 1,34), gibt Maria diese Antwort des *gehorsamen* Einschwingens in das, was Gott ihr zutraut und zumutet. Sie stellt sich hinein in die große Linie der Knechte und Mägde Gottes des Alten Testaments, die sich auf Gottes Wort und Willen eingelassen haben, ohne das Ende des Weges und seine Konsequenzen schon zu wissen oder zu durchblicken. Dieses gehorsame Vertrauen prägt auch Marias Antwort auf die Botschaft Gottes. Das Zweite Vatikanum hebt dabei hervor, „dass Maria nicht bloß passiv von Gott benutzt wurde, sondern in freiem Glauben und Gehorsam zum Heil der Menschen mitgewirkt hat" (LG 56). Der Gehorsam Marias ist in höchstem Grade aktiv und gerade keine bloß passiv bleibende Unterwürfigkeit. Mit ganzem Herzen umfing sie den „Heilswillen Gottes" (vgl. LG 56). Im

Lukasevangelium schließt sich an das „empfangende Ja“ Marias ein konkretes Handeln an: Sie macht sich auf den Weg zu Elisabeth, und es kommt zu der großartigen Begegnung dieser beiden Frauen und dem Gesang des „Magnifikat“ (Lk 1, 39–56).

Und das Wort ist Fleisch geworden und hat unter uns gewohnt. Maria empfängt alles von Gott, sie antwortet als Hörende und Gehorsame und sie bringt das fleischgewordene Wort „zur Welt“. Sie wird fruchtbar, von ihr geht etwas aus. Was in Gott begonnen hat, fließt durch sie hindurch in die Welt und nimmt dort Wohnung. Deshalb ist Maria nicht nur Jungfrau, sondern *Jungfrau und Mutter*. Sie ist Mutter nicht nur für Jesus. Die Kirche verehrt sie „vom Heiligen Geist belehrt“ als „geliebte Mutter“. Sie ist „Mutter der Glieder (Christi), … denn sie hat in Liebe mitgewirkt, dass die Gläubigen in der Kirche geboren würden“ (LG 53 mit Verweis auf Augustinus). Diese doppelte Berufung zur Jungfrau und zur Mutter ist der ganzen Kirche und so auch allen Gliedern in ihr zu eigen (vgl. LG 63), denn: „Diese Jungfrau war in ihrem Leben das Beispiel jener mütterlichen Liebe, von der alle beseelt sein müssen, die in der apostolischen Sendung der Kirche zur Wiedergeburt der Menschen mitwirken“ (LG 65). Auch Franziskus von Assisi hat die Christen mit Maria verglichen und gesagt: „Wir können Gott empfangen; wir können seine Mütter sein, indem wir ihn empfangen, ihn in uns tragen und ihn gebären in einem heiligen Wirken“ (zitiert bei Rotzetter, 109). Wie die „Jungfrau“ nach vorne hin hoffnungsvoll ausgerichtet ist, so ist auch Maria ein „Zeichen sicherer Hoffnung“ für die Vollendung, die Gott schenken wird (LG 68–69). In Nachdichtung eines Liedes des heiligen Alfons textet der Redemptorist Heinrich Stummer (1940–2005): „Ein Zeichen unserer Hoffnung bist du für uns, Maria. Du bringst der Welt wahres Leben: Gott ist als Mensch bei uns.“

Die evangelischen Räte werfen auf das alte Gebet des *Angelus* ein neues Licht. Vielleicht kann uns dies helfen, dieses Gebet wieder aufzunehmen oder es zu verlebendigen, wo es zu mechanisch geworden ist. Das wäre sicher ganz nach dem Geschmack des heiligen Alfons.

SCHLUSS: IN DER SPUR JESU BLEIBEN

Ob es sich nun um die vertrauten „evangelischen Räte“ von Armut, Gehorsam und Keuschheit handelt oder um die anderen „vielfachen“ Räte des Evangeliums, von denen ich nur einige beim Namen genannt habe, das Anliegen ist stets das Gleiche: Sie dienen dazu, dass Menschen in der Spur Jesu bleiben. Sie geben Kriterien an die Hand, an denen abzulesen ist, ob jemand tatsächlich auf dem Weg der Christusnachfolge unterwegs ist. Auch wenn sie eine ganz konkrete Gestalt ausformen, sind sie keine bloßen Handlungsanweisungen, sondern wollen im Herzen eines Menschen Wurzeln schlagen und zur Disposition werden, die alle Handlungen durchtränkt. Wer sich mit ihnen auf den Weg macht, wird immer neue Aspekte, Herausforderungen und Facetten entdecken, von denen in diesem Buch nur einige benannt werden konnten.

In der Krise des Jahres 1780, als die äußere Form der Gelübde für die Redemptoristen neu zur Debatte stand und für die Brüder im Königreich Neapel nach außen unmöglich wurde, schrieb Alfons von Liguori an Pater Leggio: „Zwar werden einige Dinge geändert, um nicht gegen die Rechte des Königs zu verstoßen, was aber die innere Haltung angeht, hoffe ich, dass nach wie vor die gleichen Grundsätze beachtet werden“ (Rey-Mermet, 642). Mit einer Änderung in der äußeren Form konnte Alfons leben, wenn nur der innere Kompass ausgerichtet bleibt auf das Wesentliche. Und dies bestand für ihn darin, dem Beispiel des Erlösers zu folgen. Das kann uns eine große Freiheit geben, Formen zu finden, die für heute, für die jeweilige Lebenssituation und das jeweilige Lebensumfeld gelten. Wichtig ist nur, dass an den Fragmenten unseres Lebens sichtbar wird, dass wir in der Spur Jesu unterwegs sind.

DANK

Mein Dank gilt in erster Linie den vielen Frauen und Männern, mit denen ich in den vergangenen Jahren zum Thema der evangelischen Räte gearbeitet habe. Sie haben mich bereichert, mich durch ihr Zeugnis neu motiviert und mein Denken befruchtet. In besonderer Weise möchte ich die Mitglieder der Arbeitsgruppe Ordenstheologie der Deutschen Ordensobernkonferenz und des Sekretariats für Spiritualität der Redemptoristen 2003–2009 erwähnen. Ich bin dankbar für diese Weggefährten und -gefährtinnen, mit denen ich theologisch über Ordensleben nachdenken durfte. Mit den Schwestern meiner Ordensgemeinschaft, den Missionsschwestern vom Heiligsten Erlöser, die aus sechs Ländern der Welt stammen, verbindet mich das Leben nach den evangelischen Räten in der Spiritualität der Erlösung. Ihnen danke ich für die gemeinsamen Wege und die Suche nach der Art und Weise, heute als Ordensfrauen nach dem Evangelium in unterschiedlichen kulturellen Kontexten zu leben. Zu dieser Suche gehört das Leben Tag für Tag mit seinen Höhepunkten und den schwierigen Stunden, die wir miteinander teilen. Beides hält uns lebendig und lässt uns wachsen. Dank sage ich Frau Mag. Brunhilde Steger vom Tyrolia-Verlag für die gute, aufmerksame Zusammenarbeit und Unterstützung. Den Herausgebern der Reihe „Spiritualität und Seelsorge" danke ich für die Herausforderung und das Vertrauen, einen Beitrag zu dieser Reihe gestalten zu dürfen.

Sr. Anneliese Herzig MSsR

LITERATURVERZEICHNIS

Die biblischen Zitate sind – so nicht anders verzeichnet – der Einheitsübersetzung der Heiligen Schrift entnommen.

Wir danken für die Abdruckgenehmigungen aus:
Dietrich Bonhoeffer, Widerstand und Ergebung © 1998, Gütersloher Verlagshaus, in der Verlagsgruppe Random House GmbH
Andreas Knapp, Brennender als Feuer © Echter Verlag Würzburg, S. 20

Quellen

Alfons Maria von Liguori, Der wahre Redemptorist, englischer Text nach: http://www.redemptoristspirituality.net/eng2/index.php?option=com_content&view=article&id=77:true-redemptorist&catid=33:true-redemptorist&Itemid=75 (29.05.2012)

Alfons Maria von Liguori, Die Menschwerdung und die Kindheit unsers Herrn Jesu Christi. Ein Gebet- und Betrachtungsbuch für die heilige Adventszeit, Regensburg 1842

Alfons von Liguori, Jesus lieben lernen. Hrsg. von B. Häring, Freiburg 1982

Gemeinsame Synode der Bistümer in der Bundesrepublik Deutschland, Beschlüsse der Vollversammlung. Offizielle Gesamtausgabe I, Freiburg 1976

Johannes Paul II., Nachsynodales Apostolisches Schreiben VITA CONSECRATA. 25. März 1996 (Verlautbarungen des Apostolischen Stuhls 125)

Konstitutionen und Statuten der Kongregation des Heiligsten Erlösers, Rom 1986 (= Konst.)

Leben und Dienst der Missionsschwestern vom Heiligsten Erlöser (Manuskript) (= K bzw. S)

Rahner, K. / Vorgrimler, H. (Hrsg.), Kleines Konzilskompendium. Sämtliche Texte des Zweiten Vatikanums. Allgemeine Einleitung – 16 spezielle Einführungen – ausführliches Sachregister, Freiburg [12]1978

Website der Generalleitung der Redemptoristen: http://www.cssr.com (12.07.2012)

Spezielle Literatur

Bohl, C., Ehrlich bedürftig. Reich beschenkt. „Armut" im geistlichen Leben, in: OK 53 (2012) H. 2, 143–160

Bonhoeffer, D., Widerstand und Ergebung. Briefe und Aufzeichnungen aus der Haft. Hrsg. von E. Bethge, Gütersloh [12]1983

Boulad, H., Im Licht der Hinwendung, Linz 1988

Casala, L. A., ¿Cómo llegué a una situación de desencanto?, in: Revista Testimonio n° 241 (2010) 91–98

Catalá, F., Notes on Our Missionary Spirituality, in: http://www.redemptorist-spirituality.net/eng2/index.php?option=com_content&view=article&id=364:notes-on-our-missionary-spirituality&catid=61:redemeptorist-spirituality-articles&Itemid=185 (12.07.2012)

Garhammer, E. (Hrsg.), Zölibat zwischen Charisma und Zwang, Würzburg 2011

Grün, A. / Schwarz, A., Und alles lassen, weil Er mich nicht läßt. Lebenskultur aus dem Evangelium, Freiburg 1995

Haneklau, M., Experten im Umgang mit Armut? Eine Provokation, in: OK 53 (2012) H. 2, 182–184

Herzig, A., „Das Beispiel unseres Erlösers Jesus Christus weiterführen". Die evangelischen Räte im Geheimnis der Erlösung, in: OK 48 (2007) 315–323

Herzig, A., Lebenskultur nach den evangelischen Räten. Antwort – Symbol – Gestaltungsprinzip, in: Gruber, M. / Kiechle, St. (Hrsg.), Gottesfreundschaft. Ordensleben heute denken, Würzburg 2007, 72–87

Herzig, A., Ser reflejo del Santo de Dios, Jesucristo, in: Vida religiosa 100 (2006) H. 4, 39–50

Herzig, A., Um des Himmelreiches willen!? Leben nach den Weisungen des Evangeliums, in: ON 49 (2010) H. 3, 3–25

Heyer, J., Leben aus dem Anruf Gottes. Die Lebensform des Gehorsams (Manuskript), o. J.

Knapp, A., Brennender als Feuer, Würzburg 2004

Lambert, W., Zeiten zum Aufatmen. Seelsorge und christliche Lebenskultur, Ostfildern 2008

Leimgruber, U., Avantgarde in der Krise. Eine pastoraltheologische Ortsbestimmung der Frauenorden nach dem Zweiten Vatikanischen Konzil (Fuldaer Studien 14), Freiburg 2011

Lippert, P., „... wie er dem Herrn gefalle". Pastoraltheologische Bemerkungen zu Theorie und Praxis des ehelosen Lebens in den Orden heute, in: Studia Moralia Bd. XV, Rom 1977, 759–791

Londoño, N., Erlösung in der Spiritualität des heiligen Alfons. Dt. von H. Schermann in: http://www.stclemens.org/ACHdocs/Erlosung%20Londono.pdf(15.10.2012)

Londoño, N., Redemption in the Spirituality of St. Alphonsus, in: Corriveau, R. / de Mingo Kaminouchi, A. (Hrsg.), Readings on Redemption, Rome 2006, 231–241
Marschütz, G., Art. Heilig. V. Spirituell, in: $LThK^3$ Bd. 4, Freiburg 1995, 1274
Mayer, J., An den Grenzen des Gottesreiches, Heidelberg 1949
Mendanha, I., Redemptorist Spirituality at the Origins of the Congregation, in: http://www.redemptoristspirituality.net/eng2/index.php?option=com_content&view=article&id=371:redemptorist-spirituality-at-the-origins-of-the-congregation&catid=61:redemeptorist-spirituality-articles&Itemid=185 (29.05.2012)
Müller, W. / Scheuer, M. / Herzig, A., Frei zum Leben. Die Weisheit der evangelischen Räte, Würzburg 1996
Pieper, J., Über die Tugenden, München 2004
Plattig, M., „Höre, mein Sohn". Hörbereitschaft und Gehorsam – Sondierungen, in: OK 52 (2011) 410–421
Radcliffe, T., Gemeinschaft im Dialog. Ermutigung zum Ordensleben, Leipzig 2001
Rahner, K., Was heißt Ordensgehorsam? Überlegungen für eine heutige Theologie des Ordenslebens, in: GuL 46 (1973) 115–126
Raponi, S., The Charism of the Redemptorists in the Church. A Commentary on the Constitutions, Rome 2003
Rey-Mermet, Th., Alfons von Liguori. Der Heilige der Aufklärung, Freiburg 1987
Rienecker, F., Sprachlicher Schlüssel zum Griechischen Neuen Testament, Giessen ^{18}1987
Rotzetter, A., Aus Liebe zum Leben. Die Evangelischen Räte neu entdeckt, Freiburg 1996
Schambeck, M., Praktische Theologie des Ordenslebens, in: GuL 82 (2009) 209–222
Scheuer, M., Die Evangelischen Räte. Strukturprinzip systematischer Theologie bei H. U. von Balthasar, K. Rahner, J. B. Metz und in der Theologie der Befreiung (StSSTh 1), Würzburg 1990
Schmitz, J. (Hrsg.), Heute Redemptorist sein. Zeugnisse eines Charismas, Bonn 1997
Schnackenburg, R., Matthäusevangelium 1,1–16,20. Die Neue Echter Bibel. Kommentar zum Neuen Testament mit der Einheitsübersetzung, Würzburg ^{2}1991
Schneiders, S. M., New Wineskins: Re-imagining Religious Life Today, New York 1986
Six, J.-F., Charles de Foucauld. Mit Leidenschaft und Entschlossenheit, München 2008
Sölle, D., Phantasie und Gehorsam. Überlegungen zu einer künftigen christlichen Ethik, Berlin ^{5}1972

Stenger, H., Erlösend („redemptiv") einander begegnen. Pastoralpsychologische Überlegungen zur Nachfolgeaufforderung, in: ThG 25 (1982) 139–145

Stoeckle, B., Keuschheit zwischen Chance und Ablehnung. Stellenwert, Begründung, Notwendigkeit und Neuaussage dieser Tugend, in: Janzing, A. u. a., Keuschheit – verantwortete Sexualität (Grundwerte und Wertbewußtsein 11), Hamm 1990, 7–16

Zulehner, P. M., Leibhaftig glauben. Lebenskultur nach dem Evangelium, Freiburg 1983

TYROLIA Alles **Buch**bar auf **www.tyrolia-verlag.at**

Außerdem in der Reihe „Spiritualität und Seelsorge" erschienen:

Martin Leitgöb
ALFONS VON LIGUORI
Lehrer des Gebetes und der Barmherzigkeit
(Spiritualität und Seelsorge 1)
Das vielschichtige Porträt eines großen Kirchenlehrers und Gründers des Redemptoristenordens.

120 Seiten, Broschur
ISBN 978-3-7022-3097-5

Hans Schalk
ERLÖST LEBEN
Die befreiende Botschaft Jesu
(Spiritualität und Seelsorge 2)
Ein Ordensseelsorger beschreibt, wie ein „erlöstes" Leben im Glauben an Jesus Christus heilsam und wohltuend gelingen kann.

128 Seiten, Broschur
ISBN 978-3-7022-3098-2

Josef Römelt
DAS GESCHENK DER FREIHEIT
Christlicher Glaube und moralische Verantwortung
(Spiritualität und Seelsorge 3)
Gewissen und Moral helfen mit, das Leben zu bewältigen und den Umgang mit Schuld zu erleichtern.

120 Seiten, Broschur
ISBN 978-3-7022-3110-1

Regina Polak
MISSION IN EUROPA?
Auftrag – Herausforderung – Risiko
(Spiritualität und Seelsorge 4)
Wie ist Mission in Europa heute in der Spannung zwischen Auftrag und Verpflichtung zu praktizieren?

128 Seiten, Broschur
ISBN 978-3-7022-3147-7